MITOS + LEYENDAS

ANTIGUA GRECIA

Ilustraciones de Amanda Mijangos * Textos de Joaquín Arias

ALMA

Índice

Los mitos que han forjado nuestra identidad

El viaje literario a través del mito es largo y placentero. El lector encontrará en él aventuras y riesgos, amores y pasiones imposibles, paisajes propensos a la euforia o a la melancolía, pero, sobre todo, los ecos, lejanos o cercanos, de sus propios miedos, de sus esperanzas y de sus sueños. A lo largo de las páginas que siguen se narran algunos de los principales mitos que forjaron la experiencia vital de los antiguos griegos, cimentando, de paso, los rasgos más acusados de lo que podríamos llamar la mentalidad occidental.

En la línea de reconocidos estudiosos y compiladores de la mitología griega como Robert Graves, Herbert J. Rose o Geoffrey S. Kirk, podemos afirmar que las historias mitológicas de la Antigua Grecia han forjado nuestro carácter y han definido nuestro modo de ser y de actuar desde hace más de tres mil años. No todos los mitos griegos responden a estas características, por supuesto, pues algunos han sido depurados y reescritos por la tradición poética posterior hasta el punto de hacerlos irreconocibles, pero sí aquellos que han logrado sobrevivir prácticamente incólumes a través de múltiples tradiciones, algunas de ellas contrarias entre sí. Éste es, precisamente, el caso de los mitos reunidos en el presente volumen.

Ahora bien, no se trata de un repertorio de mitos explicado filológica o filosóficamente; no se trata, por tanto, de un ensayo, sino de que el lector llegue a los mitos como lo hacían los antiguos griegos, a través de un relato cuyo argumento es el mito tal como nos ha sido transmitido por las fuentes literarias de la Antigüedad, no depurado, refinado, purgado o, incluso, inventado por quienes lo recrean. En las páginas del presente libro, el lector se encontrará con el mito tal como lo conocemos, con toda su infinita variedad de situaciones fascinantes. Naturalmente, es imprescindible que, al elaborar un libro como éste, se proceda a una selección, pues es tarea imposible navegar por completo el inmenso océano de la mitología griega. Por esta razón hemos fondeado sólo en algunas de sus costas, aquellas que pueden dar a quien transite por estas páginas una idea cabal de la vigencia actual de algunos de los modelos culturales transmitidos por la mitología griega.

Mas quizás el lector, a punto de cubrir ya el primer cuarto del siglo XXI, se pregunte: ¿por qué el mito?, ¿por qué los mitos griegos?

La palabra *mito* produce casi siempre una sensación de calma, como si detrás de ella se encontraran las palabras de un anciano que, con la voz apagada pero firme, rememora, a quienes tienen la fortuna de escucharlo, los sucesos que explican su existencia. Todos nos vemos reflejados en los ojos de ese anciano, porque, como a él, nuestros recuerdos se nos aparecen de vez en cuando como las imágenes de una película que no ha terminado todavía. Entonces, nuestra imaginación los filtra, los tamiza con imágenes de sucesos nunca producidos, aunque siempre deseados, de manera que fijamos en nuestra fantasía y en nuestra memoria todo aquello que nos hubiera gustado sentir, convencidos de que, quizás así, comprendamos mejor no sólo lo que vivimos sino lo que dejamos de vivir. Sin apenas darnos cuenta, entramos en el territorio del mito.

Nuestra imaginación, el alma del mito, es parte de nosotros, igual que nuestra capacidad consciente para intentar percibir lo que sucede (la razón). Ambas cosas, imaginación y razón, son los recursos de que disponemos para comprender el mundo que nos rodea: la imaginación y la razón alimentan al ingeniero y al poeta, igual que al científico y al músico. Algunas veces el equilibrio es perfecto; otras, sólo un deseo, un anhelo.

La búsqueda de ese equilibrio es una de las claves que explican la esencia de nuestra historia personal y, también, de nuestra historia colectiva; pero es un equilibrio muy difícil. En ocasiones se rompe por el lado de la razón; otras veces sucede lo contrario. En ambos casos, nuestra comprensión del mundo se deforma, bien porque atribuimos a la razón (la ciencia) una fiabilidad que no tiene, bien porque hacemos lo mismo con la imaginación (el mito), de forma que no es inusual que mito y ciencia se confundan hasta un punto en que resulte difícil encontrar la frontera que los delimite. Baste, como ejemplo, recordar al lector el complejo sistema geocéntrico diseñado por el astrónomo Ptolomeo o la hermosa teoría de la luz trazada por Newton para comprender hasta qué punto ambas concepciones, pretendidamente científicas, son productos de la imaginación (mito), no de la razón (ciencia) de sus creadores.

Sin embargo, esta confusión es más que comprensible, pues, al cabo, mito y ciencia tienen el mismo objetivo: explicar el mundo. La ciencia utiliza la razón; el mito, la imaginación, y a veces una y otra se confunden, sencillamente porque no todo puede explicarse por la razón, ni siquiera hoy. No todo puede *pensarse* y, sin embargo, casi todo puede imaginarse.

Así pues, podemos afirmar que un mito no es más que la interpretación o explicación imaginativa que utiliza un pueblo o un individuo en relación con los sucesos de su experiencia. Podríamos decir que el mito es algo así como el pensamiento en imágenes. El hombre antiguo, enfrentado con un mundo ordinariamente hostil, fascinado o aterrorizado por los fenómenos naturales, pero ansioso por comprenderlos, intentó *imaginar* una explicación cuando no podía *comprender* la explicación, referida ésta a cualquier fenómeno o suceso. Y así, si era imposible saber qué desencadenaba una marea o una tormenta, o quién había fundado una ciudad, o por qué la sequía o las inundaciones castigaban los campos, los seres humanos intentaban visualizar con su imaginación lo que todavía no eran capaces de comprender con su razón. Así se forjaron los mitos.

Estas interpretaciones imaginativas nos han sido transmitidas en forma de cuentos, pero no son cuentos, o, en todo caso, lo son sólo en su forma, no en su esencia. Este hecho ha producido una confusión (de consecuencias notables) entre la palabra *mito* y otras que han sido utilizadas como si tuvieran su mismo significado: *fábula, leyenda* y, especialmente, *cuento*. Por eso es muy importante que el lector comprenda que un mito nunca es un cuento, aunque, a veces, adopte su forma, especialmente en sus aspectos narrativos. Porque si comprende esto, comprenderá la naturaleza de este libro: mitos que, como en la Antigüedad, adoptan la forma de cuentos literarios para llegar al lector, dejando que éste los interprete, los reinterprete o reelabore sin la tutela de un ensayista especializado.

Así pues, los mitos, frente a los cuentos populares, explican la vida, la historia y, sobre todo, la manera de ser del pueblo que los crea; pero se trata, como hemos visto, de explicaciones *míticas*, no racionales, urdidas por una imaginación que, con frecuencia, deforma la realidad y la enmascara. Pero esos sucesos que, aparentemente, resultan, o nos parecen, increíbles desde la perspectiva de la razón, nos transmiten una información preciosa y nos muestran mucho más de las alegrías, los miedos o los deseos de felicidad de sus creadores que la pura y aséptica narración de los hechos históricos. Por eso me atrevo a decir que los mitos son el alma del pueblo que los crea y nos muestran el sendero que debemos transitar para comprenderla.

En este sentido, ningún pueblo nos ha revelado tanto acerca de sí mismo como el pueblo griego. Y lo ha hecho a través de mitos que, todavía hoy, provocan en nosotros, al margen de nuestra condición de especialistas o profanos, una fascinación inexplicable, casi un deslumbramiento que nos invita a profundizar un poco en ellos, en su apariencia y en su significado.

El lector tiene delante de sus ojos un libro literariamente rico y ameno, que recoge con mirada contemporánea parte de esa fascinación, originada por una mitología plagada de dioses y héroes, de diosas y heroínas que se han transformado en modelos de conducta, en ejemplos atemporales, positivos y negativos, de la conducta humana. Y digo humana porque en la mitología y la religión griegas, hasta los dioses están conformados a la manera humana.

Los dioses griegos, en efecto, son el reflejo más exacto de la psicología de quienes los crearon, y, desde el primer momento, fueron el ejemplo de la primera civilización caracterizada por su atención, respeto y amor por el ser humano. Los griegos imaginaron dioses que nunca son sobrenaturales, pues, al cabo, son hijos de la misma madre que los mortales: la madre Tierra. Las divinidades griegas son sobrehumanas, pues son más fuertes que nosotros y viven eternamente sin vejez, pero están sujetas a las mismas leyes naturales, a las que deben someterse, como cualquier mortal. Algunas veces, incluso, su inmortalidad es vivida como una carga.

Los dioses y diosas de la mitología griega no son, en fin, opresores, ni exigen a los mortales un comportamiento adecuado a los preceptos de un libro sagrado; no nos hablan desde las páginas de una Biblia o un Corán, ni se sirven de un clero encargado de velar por una ortodoxia más o menos intransigente. No son abstracciones implacables ni quimeras con rasgos imposibles. Los dioses griegos tienen rostro y viven en los versos de los poetas.

En este libro no hay un capítulo expresamente dedicado a un dios o una diosa, salvo el caso de Deméter y su hija Perséfone. Pero el lector comprobará que todos ellos, y ellas, pueblan casi cada línea de los relatos, pues las manifestaciones de la civilización griega están determinadas por la presencia exhaustiva de sus dioses. Y de sus héroes y heroínas. Sin embargo, no encontrará ni la vaguedad ni el elemento terrorífico que abunda en las leyendas de otros pueblos. Al contrario, descubrirá héroes que interactúan permanentemente con esos dioses humanizados, convertidos en seres que sólo se distinguen de ellos por su inmortalidad. Los pocos monstruos que habitan en los mitos griegos nunca son absolutamente terribles, ni tampoco demasiado monstruosos, si se me permite la expresión, y con frecuencia producen más lástima que terror. Los espectros, los demonios, los seres pavorosos no tienen apenas cabida y, cuando aparecen, nunca son lo suficientemente aterradores como para acobardar por completo a quienes se cruzan con ellos. Y los héroes y heroínas, precisamente, son en gran medida los responsables de ese mundo humanizado, inhóspito para toda clase de engendros.

Éste es el caso de Heracles (o Hércules), hijo de Zeus y la mortal Alcmena, héroe civilizador, capaz de enfrentarse a los seres más terribles. También es el caso de Edipo, el héroe trágico por naturaleza, que consigue, a costa de su propio drama, alejar para siempre a la espantosa esfinge de la ciudad de Tebas; y el de Jasón, el viajero conductor de los argonautas hasta las tierras de la lejana Cólquide.

Junto a ellos aparecen también Antígona, hija de Edipo, capaz de enfrentarse al Estado por cumplir una ley no escrita, y todos los héroes y heroínas de la leyenda creada en torno a Troya: Aquiles, Héctor, Odiseo (o Ulises), Helena, Penélope y aquellos personajes que, fijados para siempre por el poeta Homero, han conformado una parte esencial de la psicología de Occidente.

El lector se encontrará también con Prometeo, el titán filántropo, capaz de afrontar un castigo terrible por favorecer a los hombres, y con Pandora, el modelo de mujer que, sólo ahora, milenios después de su creación, nos atrevemos a desafiar. Y, finalmente, podrá viajar a la isla de Creta, en el límite sur del mar Egeo, para recorrer con Teseo y Ariadna los intrincados pasadizos del laberinto.

Los griegos, en fin, nos han legado un repertorio de mitos extraordinariamente rico. En cada relato late su corazón y en cada palabra su alma. Un alma completamente humana, nada propensa a la ensoñación que producen unos dioses lejanos, inaccesibles, que, con frecuencia, tienen aspectos y formas improbables. Los antiguos griegos comprendieron que sus dioses y sus héroes eran el producto de sus anhelos, de sus sueños, y no al revés.

Por eso los productos de su imaginación y de sus sueños, sus mitos, nos siguen cautivando, sin importar el tiempo ni el espacio, porque explican nuestros propios sueños: los sueños de la especie humana. Los sueños de quienes habitamos este planeta al que ellos llamaron Gea (*Gaîa*), es decir Tierra, la gran diosa a la que imaginaron como madre de todos nosotros: de los seres humanos y, también, de los dioses.

Bernardo Souvirón Guijo

Escritor, profesor de lenguas clásicas, divulgador de la cultura helénica

El fuego

de los

DIOSES

Ni siquiera pestañeó cuando vio a Zeus acercándose a él, a pesar de que sabía que con su acción iba a despertar la furia del dios del rayo. Prometeo, el hijo del titán Jápeto y la oceánide Clímene, no temía a los dioses y siempre estaba dispuesto a asumir las consecuencias de sus actos. Desde joven había tenido sueños en los que veía lo que podía ocurrir, por lo que intuía que aquel día no saldría bien parado y que, aunque obtuviera una pequeña victoria, acabaría pagando su ofensa con creces. Sin embargo, aunque Prometeo poseyera la capacidad de ver el futuro, poco podía cambiarlo. Así que el escalofrío de los nervios le mordió las entrañas cuando el dios del rayo se paró ante él nada más llegar a la celebración. Prometeo lo miró directamente a los ojos: estaba obligado a guardarle respeto, pero el hijo de Jápeto siempre se había mostrado desafiante, sabedor de que pertenecía a la misma estirpe de Zeus, pues eran primos, y por eso no estaba dispuesto a achantarse ante él. También sabía que el olímpico le había perdonado: tras la batalla que enfrentó a dioses y titanes en el principio de los tiempos, se había negado a condenarlo al Tártaro, con el resto de los titanes, y le había permitido vivir en paz sobre la tierra, encomendándole la misión de velar por los hombres para que no perecieran en su intento de abrirse camino en un mundo que no hacía tanto que se había formado.

Por eso los mortales veían a Prometeo como un padre afable y protector, que los guiaba con su sabiduría en los tiempos oscuros. Muchos humanos creían también que habían nacido de este titán y que eran fruto de su esfuerzo y su trabajo. Pero Prometeo, del que algunos decían que había creado a los seres humanos con agua, arcilla y el aliento de Atenea, nunca había confirmado aquellas historias que le atribuían el origen de la humanidad. Y, de hecho, contradicciones había. La leyenda afirmaba que los primeros hombres, nacidos de la tierra misma, se había extinguido en una guerra fratricida y que los que ahora habitaban el mundo no eran más que una segunda generación. ¿Había sido Prometeo el creador de aquella nueva raza? Nadie lo sabía a ciencia cierta; nadie preguntaba y obtenía respuesta. Porque Prometeo callaba cuando alguien se lo insinuaba; tan sólo se encogía de hombros y se limitaba a decir:

—Mirad qué perfección; sólo un ser supremo podría haber creado a los hombres de la nada.

Lo cierto es que, fuera o no fuera él el causante de tal proeza, siempre se había mantenido cerca de los mortales, como si fuera un artesano que admira con orgullo sus piezas. Y también había querido que éstos respetaran a los dioses, que los amaran y temieran por igual, y que en su honor realizaran ceremonias, sacrificios y ofrendas.

Desde no hacía mucho, Prometeo vivía con su hermano Epimeteo en la ciudad de Mecona y aquella tarde se celebraba una fiesta entre los hombres y los dioses.

—Llevadlo al altar de piedra, colgadlo junto a la pira y cortadlo en dos mitades —ordenó Prometeo cuando vio que sus hombres traían el buey que habían sacrificado en la celebración—. Después lo asaremos sobre la pira, lo dividiremos en dos raciones y regalaremos una de ellas a los dioses.

Cuatro hombres jóvenes y otro más mayor, que había ejercido de matarife, arrastraron como pudieron los restos del animal, cuyas patas habían atado, y lo izaron con ayuda de unas cuerdas que pasaron sobre la rama de un roble. Hasta seis hombres más tuvieron que esforzarse para elevar a aquel buey sacrificado, que quedó perpendicular al suelo, mientras con un cuchillo curvado le abrían las carnes para que se desangrara por completo.

Prometeo contempló el espectáculo y se dispuso a dar las órdenes del plan que había trazado para engañar a Zeus. Aquellos mortales no merecían que ocurriese de nuevo lo que en tantas ocasiones había sucedido: en todas las celebraciones, los dioses comían primero, hasta saciarse, y dejaban los despojos a los seres humanos, que se alimentaban de los peores trozos, de aquellas escasas sobras que los olímpicos no querían. A Prometeo le irritaba ese trato de Zeus, pues los humanos se esforzaban en alimentar a los animales, en sacarlos a pastar cada día, en cebarlos con el mejor grano, para que después los dioses les arrebataran la comida que tanto trabajo les había costado. Era injusto, pues los dioses no pasaban hambre, tenían a su alcance la ambrosía y todos los alimentos que crecían en la tierra, pero su egoísmo les llevaba a quitarles el grano a aquellos cuya vida se basaba en cultivarlo. Prometeo, que vivía entre humanos y veía sus dificultades cuando por antojo de los dioses se arruinaban sus cosechas o sus rebaños se diezmaban por las plagas y otros males con que se divertían en el Olimpo, no soportaba esa actitud de sus primos. Y esta vez estaba dispuesto a desafiar a Zeus.

Para engañar al dios del rayo, ordenó que separaran la carne y las vísceras del buey y las asaran juntas, mientras que en otra pira pondrían a dorar los huesos de la res cubiertos por la piel del lomo y una espesa capa de grasa. Cuando todo ello estuvo cocinado en la enorme hoguera, pidió servirlo en dos bandejas de plata y se lo llevó a Zeus con dulces palabras:

—Oh, señor, el más ilustre y poderoso de los dioses sempiternos, elige entre estas dos ofrendas la que más te plazca para saciar tu hambre, y con la otra calmaremos el estómago de estos simples mortales.

Zeus observó las dos bandejas y percibió el desequilibrio que había entre ambas. En la primera se amontonaban apenas unos trozos de carne sonrosada, junto con el hígado, los riñones y el corazón del buey, mientras que en la segunda, mucho más grande, una enorme capa de piel dorada, ligeramente tostada por el fuego, cubría lo que debía de ser todo el lomo y el costillar de la res. El olor que desprendía la grasa, brillante y chorreando como una vela a punto de derretirse, hizo que la boca del rey de los dioses se humedeciera de inmediato. Zeus volvió a mirar las dos ofrendas: Prometeo le estaba dando a elegir entre unos cuantos trozos de fibrosa carne o entre un jugoso costillar de buey. Satisfecho por tanta deferencia, no dudó en recalcarla delante de todos:

—¡Qué injusto has sido en el reparto, apreciado Prometeo! Bien haces en no ser tú quien administre justicia entre los mortales, pues no resultas ecuánime a la hora de hacer divisiones. Pero me agrada saber que antepones a los dioses a estos humanos que tanto proteges —dijo Zeus señalando con su mano la bandeja más grande.

—No soy yo quien elige y reparte, sino tú, rey de dioses, con tu sabiduría y bondad —ironizó Prometeo al ver que Zeus elegía, como él había supuesto, la mejor parte. Acto seguido hizo un gesto para que los humanos se llevaran la bandeja rechazada y acercaran la escogida a la mesa del señor del rayo.

Zeus percibió cierta ironía en las palabras de su primo, pero pronto decidió obviarla para dar respuesta a la ansiedad de su estómago, que se manifestaba en un paladar y unos carrillos cada vez más desbordantes de saliva. Sin pensarlo dos veces, alargó su mano hacia la bandeja dispuesto a arrancar un delicioso pedazo de carne. Mas pronto notó que lejos de la apetitosa tersura que intuían sus ojos, sus dedos se hundían como si los hubiera introducido en una vasija llena de manteca. De repente, lo que él había creído un jugoso costillar se desmoronó ante él, agrietándose como una montaña de sebo y dejando al descubierto huesos y despojos sin valor ni gusto alguno. Zeus cerró el puño y notó cómo la grasa se le escurría entre los dedos y resbalaba hasta caer a sus pies. Miró entonces a los mortales, que no lejos de allí ya daban buena cuenta de la bandeja rechazada, que, a pesar de ser más pequeña, contenía los verdaderos manjares. Prometeo se mordió el labio para intentar esconder su sonrisa: todo estaba saliendo tal como él había previsto.

—Mal haces en jugar conmigo... ¿Osas burlarte? —le preguntó Zeus, desafiante.

—Señor, por agradecimiento y deferencia te di a elegir primero, mas no puedes responsabilizarme de tus decisiones, que, por otro lado, siempre son sabias y acertadas. ¿Acaso no has pretendido con tu gesto de escoger la peor carne premiar a estos hombres que con su esfuerzo cultivan los campos y crían el ganado mientras honran a los dioses? —ironizó de nuevo Prometeo.

La cólera de Zeus inundó sus ojos, que resplandecieron como el relámpago antes del trueno. Sin apartar la mirada de Prometeo, golpeó la mesa haciendo volar por los aires la bandeja, los huesos y todos los despojos que esta contenía. Y, acto seguido, se desató una horrible tormenta. Los hombres huyeron despavoridos mientras la lluvia azotaba sus rostros y un viento huracanado levantaba la arena y arrancaba los árboles. Corrieron a refugiarse en sus chozas y liberaron al ganado para que corriera montaña arriba hasta ponerse a salvo. De repente, siguiendo órdenes del padre de los dioses, un pequeño remolino de tierra y hojarasca irrumpió en la hoguera donde habían asado el buey, y la llama se apagó de golpe, como si hubiera sido soplada por el aliento de un gigante. El rostro de Prometeo hizo grandes esfuerzos por mostrarse impertérrito mientras la furia de Zeus, que había desaparecido, resonaba estruendosa en los cielos.

Llegada la calma, los hombres se afanaron en recoger los enseres, retirar los árboles caídos y reparar los techos de sus casas, que habían volado en mitad de la tempestad. Pero lo que más les preocupaba era haber perdido el fuego que alimentaban día tras día, vigilándolo por las noches y protegiéndolo del viento y la lluvia para que nunca se extinguiera. En su rabia, Zeus no sólo había apagado la hoguera, sino que también había extinguido los otros fuegos que los aldeanos conservaban en sus lares para poder encenderlos de nuevo si alguno se apagaba. Ahora ya no quedaba llama en ninguno de ellos e incluso lo que habrían podido ser brasas humeantes sobre las que reavivar el fuego echando alguna hoja seca encima, no eran más que restos de carbón mojado.

—Prometeo, ¿qué haremos ahora? ¿Cómo cocinaremos para que nuestros niños y ancianos puedan estar sanos? ¿Cómo eliminaremos los rastrojos de nuestros campos para plantar las siguientes cosechas? ¿Con qué iluminaremos la oscuridad de las cuevas y ahuyentaremos a las bestias que atacan nuestro ganado?

Sin tiempo para responder, Prometeo se envolvió en un manto y salió sin decir nada de la aldea. Estaba decidido a devolverles el fuego como fuera.

*

Zeus no iba a dejarlo pasar. No estaba dispuesto a que se rieran de él de aquella manera, por lo que nada más llegar al Olimpo llamó a su presencia a Hefesto. El dios lisiado no tardó en aparecer apoyándose en su bastón para subir la empinada escalinata que conducía al salón donde se erigía, majestuoso, el trono de oro del dios de los dioses. Tras saludarlo y ordenarle que tomara asiento, Zeus le expuso su petición.

—Solo tú, noble Hefesto, cuya pericia como artesano es por todos, mortales y dioses, conocida, puedes llevar a cabo lo que voy a pedirte. Y no será fácil, créeme, pues tendrás que esforzarte para esculpir la más sublime de las creaciones de cuantas habitan la tierra.

—Habla, pues, Zeus, sabiendo que pondré todo cuanto esté en mi mano para lograr cumplir con tus expectativas.

—Quiero que des forma a la criatura más hermosa de la naturaleza, alguien por quien esos mortales sean capaces de todo. Quiero que la crees de la tierra, inspirándote en las formas de Afrodita, de cuya belleza el mundo es testigo, y que la vistas con los más blancos vestidos y el más transparente velo que Atenea sea capaz de tejer. No escatimes en materiales ni esfuerzos, pues de ti depende que mi afrenta sea vengada y mi buen nombre restaurado.

Nada más oír la petición, Hefesto viajó a Beocia para recoger él mismo la arcilla más blanca y delicada. Después se desplazó hasta Delfos para llenar una vasija en la fuente Castalia, y con su agua, la más pura de cuantas brotaban en la naturaleza, mezcló la tierra hasta lograr un barro suave y maleable. Ya en su taller, el artesano llamó a su esposa, Afrodita, quien posó para él hasta que de aquella pella de barro inerte fue surgiendo una figura de generosas formas, de piel suave, con caderas curvas, senos turgentes, largo cuello y delicada sonrisa. Cuando Atenea la vio, no tuvo más que elogios para el artesano de los dioses. Convocó a las Gracias para que vistieran a aquella figura con los mejores ropajes, le insufló el aliento que da vida y aquel barro se tornó del color de la carne y comenzó a respirar, primero agitadamente y, tras un suspiro, con más calma hasta alcanzar un ritmo normal.

Zeus no podía creer lo que veían sus ojos: la obra de Hefesto era sublime, perfecta, e incluso, para coronarla, el dios artesano había labrado una diadema de oro en la que había esculpido escenas de la naturaleza, seres fantásticos y lugares maravillosos. Si no hubiera sido porque estaba destinada a otro objetivo, Zeus la habría hecho suya allí mismo. Sin embargo, para que su plan resultara era mejor que aquel ser, al que llamaría Pandora, conservara todas sus virtudes intactas.

—Magnífico trabajo, Hefesto, no esperaba menos de tu talento y tu técnica —dijo Zeus—, pero aún le falta algo.

Hefesto alzó las cejas extrañado, aunque estaba ya acostumbrado a que el dios del rayo le sorprendiera con algún ingenio. Zeus ordenó entonces que se acercara Afrodita, a quien le pidió que le regalara a la mujer la capacidad de seducir. La diosa del amor se detuvo frente a Pandora y acarició su frente, y al instante un rubor iluminó las mejillas y los senos de la joven y un delicado brillo apareció en sus labios, que desde entonces incitarían al beso. Después, Zeus llamó a Hermes para encargarle que insuflara en la personalidad de la mujer tres rasgos: la propensión a mentir, la capacidad de manipular y un carácter inestable y voluble. Hermes, que además de mensajero era el dios de la astucia y el engaño, susurró en el oído de la joven y, al instante, los ojos cristalinos de Pandora, en los que hasta entonces había parecido nadar la pureza y la sinceridad, se oscurecieron como si quisieran ocultar algo en lo más profundo de sus pupilas.

Mientras contemplaba satisfecho la creación, Zeus ordenó que trajeran una vasija de barro cubierta con una tapa. Tras tocarla con su cetro, se la dio a Pandora, que la tomó en sus manos.

—Aquí está el gran secreto que debes custodiar; no la abras bajo ningún concepto —dijo Zeus intentando ocultar su sonrisa, pues confiaba en que la joven sería incapaz de mantener la vasija cerrada—. Tú, que has sido creada para ser la perdición de los varones que pueblan la tierra, serás motivo de disputas y celos. Cegarás con tu belleza el corazón de los hombres. Engañarás con la pericia de tu verbo. Parirás estirpes que lucharán entre sí. Y les harás perder la razón hasta arruinarlos.

Y, tras pronunciar esas palabras, que Pandora no tardó en olvidar, la envió con Hermes a la tierra de los hombres.

*

Prometeo, por su parte, no había perdido el tiempo. Tras salir de la aldea de Mecona se había encaminado hacia la fragua de Hefesto, llevando bajo su quitón una ramita de cañaheja, un tallo que él sabía que ardía muy lentamente. Había caminado durante siete días y siete noches hasta llegar al Olimpo, y allí, oculto bajo un manto, había llegado hasta el taller del artesano. Para su sorpresa, la fragua estaba vacía y no había ni rastro del dios de la forja. Prometeo echó un vistazo rápido a su alrededor. En un rincón del taller observó una peana, utensilios para modelar el barro y varias tinajas llenas de la arcilla más blanca y delicada que había visto jamás.

—Tal vez haya salido a buscar más materiales. Debo darme prisa —se dijo a sí mismo.

El titán aprovechó entonces para sacar la cañaheja y prenderla en la fragua. Una pequeña llama encendió la ramita, que empezó a consumirse lentamente, por lo que el titán se apresuró a volver a la aldea antes de que se apagara. Pero en su precipitación por salir de allí sin que lo vieran, tropezó con un cubo en el que Hefesto debía de templar las armas recién golpeadas y vertió el agua directamente sobre el fuego. A pesar del desastre que había provocado, tuvo suerte, porque la inmensa humareda que se produjo al apagarse la llama evitó que una figura que se acercaba lentamente se percatara de su presencia. Prometeo corrió a esconderse detrás de una montaña de leña cuando percibió que Hefesto, con su característica cojera, entraba apoyándose en su bastón y caminaba tan rápido como podía hacia la fragua.

Sin apenas respirar para no ser descubierto, observó que más allá de extrañarse por que el fuego se hubiera apagado, el dios de la orfebrería no perdía el tiempo: con la pericia que le daba la experiencia, colocó una montañita de hojas sobre un cuenco, agarró dos pequeñas ramas y comenzó a frotarlas muy rápido entre sus manos. De repente, un poco de humo salió de la madera y, acto seguido, las hojas empezaron a encenderse hasta formar una llama. El aliento del dios hizo el resto, y un instante después la fragua de Hefesto volvía a estar lista para forjar metales. Restituido el fuego, el dios artesano no tardó en salir de nuevo apoyado en su bastón. Y Prometeo aprovechó para escapar.

*

Cuando llegó a la tierra de los hombres, Prometeo se topó con el ser más bello que había visto jamás. La sonrisa de Pandora brillaba desde muchos pasos antes de que entrara en Mecona. Conforme se acercaba a la aldea, el titán pudo apreciar el grácil movimiento con que se movía aquella joven desconocida, la perfección de sus formas, que parecían esculpidas por el mejor de los marmolistas, la singularidad de sus curvas y la luz que, como si fueran dos oscuros topacios, irradiaban sus ojos.

—Tú debes de ser Prometeo —le saludó la joven nada más verlo llegar—. Yo me llamo Pandora —dijo esbozando una sonrisa que dejaba al descubierto el brillo de marfil que asomaba entre sus labios.

La joven lo acompañó al centro de la aldea y a Prometeo le dio un vuelco el corazón al sentirla tan cerca, a su lado, como si intuyera que algo extraño podía suceder. Pero, al contemplar en mitad de la plaza la hoguera vacía, enseguida supo que no debía distraerse. No podía arriesgarse a que el fuego que había robado del Olimpo se apagara, así que llamó a los hombres y a Epimeteo y les pidió que pusieran unos troncos, unas hojas y unas ramas secas en el centro de la pira. Y, acto seguido, sacó la cañaheja. Suspiró al contemplarla: a pesar de que la llama había consumido gran parte de ella, el tallo aún permanecía incandescente. Pandora, que no sabía muy bien lo que ocurría, se acercó a él y, susurrándole muy cerca, lo llamó de nuevo por su nombre.

—Prometeo...

El titán advirtió entonces que el aliento de la joven estuvo a punto de apagar la caña, por lo que la empujó de mala manera.

—Aparta, mujer..., o lo arruinarás todo.

Mientras Pandora retrocedía, Prometeo cubrió ligeramente con su mano la cañita para que no se apagara, se agachó ante la pila de hojas y les prendió fuego. Sopló con suavidad y enseguida la llama se avivó. Toda la aldea estalló en vítores. Cuando se hubieron calmado, el titán se dirigió a los mortales:

—Sabed que he entrado en la fragua de Hefesto y he robado el fuego del Olimpo, pero no sólo eso: también he descubierto la forma de producirlo y la compartiré con vosotros, para que si los elementos o los dioses vuelven a castigaros sin él, sepáis cómo crearlo de nuevo.

Acto seguido, hizo traer más ramitas y hojas secas y, enseñándoles a frotarlas tal como lo había hecho Hefesto, les mostró cómo hacer brotar el fuego. De nuevo los mortales comenzaron a gritar de alegría y, apenas un instante después, todas las casas de la aldea volvieron a ver brillar el fuego en sus lares. Prometeo se había convertido así en el mayor benefactor de los hombres, que corrieron a alzarlo y pasearlo en volandas por la aldea en medio de una gran fiesta improvisada en su honor.

Poco después, cuando ya corría el vino, Pandora volvió a acercarse a Prometeo, que se encontraba brindando junto a su hermano Epimeteo.

—Tu bondad con los mortales bien merece que me hayan enviado los dioses para complacerte —dijo la joven.

—¿Los dioses? —preguntó Prometeo, extrañado.

—El mismísimo Zeus —asintió la joven.

—Hermano, suerte tienes de que el dios del rayo no te guarde rencor y te envíe como regalo al ser más hermoso que se ha visto jamás en toda la tierra —interrumpió Epimeteo, incapaz de apartar la mirada de Pandora.

Pero a Prometeo, que era mucho más sagaz que su hermano, aquel regalo de Zeus, a quien tenía por vengativo y poco dadivoso con quien no le mostraba respeto, no le cuadraba. No podía verlo con claridad, como siempre le ocurría con todo lo que rodeaba a los dioses, aunque no por ello iba a ignorar sus presentimientos.

—Será mejor no aceptar nada del dios supremo, pues hacerlo invalidaría mi intención con los seres humanos, que no es otra que ayudarles sin esperar nada a cambio —dijo mientras agarraba otra copa de vino y se alejaba para continuar disfrutando de la fiesta—. No necesito, pues, ser recompensado por cumplir con lo que considero justo, que es guiar a quienes necesitan ser guiados —gritó mientras se encaminaba de nuevo hacia la hoguera.

Después de aquel rechazo, Pandora se retiró contrariada y Epimeteo se acercó de nuevo a su hermano.

—Pero ¿cómo osas rechazarla? ¡La envía el mismísimo Zeus!

—Escúchame, hermano, bien has de dudar de las buenas intenciones del dios del rayo, pues no sería la primera vez que inventa algo para darnos una lección y demostrarnos quién manda en el mundo. Puedo sentirlo…, así que no actúes con la torpeza propia de algunos humanos y aléjate de esa mujer, porque algo me dice que su belleza sólo puede traernos la desgracia.

La intuición de Prometeo nunca fallaba. Pero Epimeteo ya se había enamorado de Pandora, así que la hizo su esposa y la instaló en su casa, colocando junto al lar encendido con el fuego robado por Prometeo la extraña vasija de barro con la que ella había llegado a Mecona.

*

Zeus montó en cólera al saber que Prometeo había robado el fuego del Olimpo y le había enseñado a los hombres el secreto para hacerlo. Durante una semana tiñó los cielos de gris, lanzando rayos y enviando lluvias torrenciales con la intención de apagar cuantas hogueras veía en la tierra. Pero, gracias a las enseñanzas de Prometeo, los mortales habían aprendido que el fuego surge con facilidad al frotar dos ramitas y lograban encenderlo una y otra vez sin que el dios supremo consiguiera privarles de tal privilegio.

—¡Hijo de Jápeto, que a todos superas en astucia, te alegras de haber robado el fuego que yo había prohibido a los mortales! Y no contento con eso, burlando de nuevo mis designios, rechazas a la mujer que te regalo, aquella que te envié precisamente para garantizar la supervivencia de esos mortales. ¡Caiga el mal sobre ti y sobre los hombres venideros! —maldijo Zeus, buscando desde las alturas del Olimpo la tinaja de barro que había regalado a la primera mujer.

De repente, el dios disipó las nubes con un simple gesto de su mano y sonrió al hallarla en casa de Epimeteo.

Allí abajo, en la tierra de los mortales, Pandora cocinaba en el lar junto a su esposo cuando reparó en que una luz intensa entraba por el ventanuco de su choza y se paraba sobre el ánfora que Zeus le había regalado, iluminándola con un halo dorado y celestial. La joven sonrió y se acercó a la vasija, para rozar con un dedo la inscripción que custodiaba la tapa. Epimeteo, que enseguida intuyó sus intenciones, quiso detenerla recordándole que el dios del rayo le había prohibido abrirla.

—Detente, ya hemos desairado a Zeus y no debemos volver a provocar su furia.

Sin querer oírlo, Pandora quiso levantar la tapa ligeramente, pero pesaba más de lo esperado, pues estaba sellada con cera. La joven rascó un poco la superficie con la uña, pero la tapa no cedió. Entonces agitó el ánfora, pero nada sonaba en su interior.

—¿Por qué tanto miedo? Viniendo de los dioses, ¿qué podría haber dentro sino riquezas y dones? —dijo mirando a los ojos a su esposo—. Ven, ayúdame a quitar la cera, parece atascada...

—Pandora..., no deberíamos..., la curiosidad puede ser traicionera.

—Vamos, ¿qué puede pasar? —le dijo mientras le acariciaba el brazo. Pero Epimeteo seguía negándose—. ¿Acaso no debe un hombre ayudar a su esposa cuando ésta se lo pide? ¿Acaso no me hicieron los dioses más débil que tú para tener que recurrir siempre a ti? Si pudiera lo haría yo misma...

Epimeteo dudó de nuevo, pero Pandora le acercó los labios al oído y le susurró:

—Vamos, eres fuerte..., y yo sólo necesito que me ayudes un poco...

Y al sentir el calor del aliento en su oreja, y al sentir los labios de Pandora rozando los suyos y su delicada mano acariciando su espalda, Epimeteo fue incapaz de resistirse y quiso besarla. La joven se apartó entre risas y negó con la cabeza antes de señalar la tinaja.

—Antes, la tapa... Aflójala para que yo pueda abrirla —le dijo mientras con el dedo índice se retorcía un mechón que resbalaba por su mejilla hasta rozar su pecho.

Epimeteo, que jamás había visto un ser tan seductor y bello, se acercó a la tinaja y con un sencillo giro de muñeca quebró la cera que cubría la tapa y la aflojó.

—Ya está, ahora podrás abrirla sin esfuerzo.

Pandora se acercó al ánfora, la tomó en sus brazos y, apretándola contra su vientre, deslizó ligeramente la tapa y miró dentro. Pero no logró ver nada: por mucho que lo intentó, su interior contenía la oscuridad de una noche sin luna.

—¡No puede estar vacía!

Entonces, incrédula, la destapó por completo y un extraño silencio se apoderó de la estancia. Epimeteo la miró con los ojos desorbitados, pues supo en aquel momento que algo malo iba a suceder. Y en ese instante, mientras el miedo se extendía por el rostro de su esposo, Pandora sintió que el ánfora empezaba a temblar y se resquebrajaba, mientras de su interior comenzaba a salir un humo negro que se retorció en el aire. Cuando la dejó caer, unas monstruosas figuras surgieron de aquellos efluvios y tomaron forma: sus rostros desencajados, llenos de suciedad y miseria, clavaron sus ojos en Pandora antes de lanzar un grito espeluznante y dispersarse.

*

No lejos de allí, Prometeo presintió que algo iba mal cuando una serie de imágenes de hambruna, muerte, traición y desengaño salpicaron su mente. El aire se había enrarecido de pronto, y la quietud que reinaba en aquellas tierras había dado paso a una extraña tensión. El titán miró en derredor y observó que los mortales expresaban en sus rostros algo que nunca había visto: una sensación de inseguridad, inquietud, miedo e incertidumbre... Quiso entonces acercarse para tranquilizarlos, pero un rayo cegador lo detuvo. Cuando logró abrir de nuevo los ojos, Zeus estaba delante de él.

—Y bien, hijo de Jápeto, ¿creías que podrías salir indemne tras desobedecerme? Mira lo que has logrado regalándole el secreto del fuego a los hombres. Mira la furia que ha desatado la mujer que rechazaste.

Prometeo observó a su alrededor que algunos mortales huían despavoridos, con el rostro desencajado, mientras que otros caían al suelo, enfermos.

—¿Qué está sucediendo?

—La curiosidad de esa mujer os ha traído el infortunio, pues al desobedecerme ha liberado todos los males de la tierra, y la estirpe de Nyx, la oscuridad que parió la desdicha, campa ahora por el mundo: ya corren libres Hado y el funesto destino; las cadavéricas Ker y Tánato, causantes de las muertes violentas; Ápate, la personificación del dolor, el fraude y el engaño; Ezis, que llenará a los hombres de angustia y de miseria; Geras, que hará dolorosa la vejez, y Eris, que sembrará la discordia entre los pueblos. Todos estos demonios que ahora han quedado en libertad azotarán a los seres humanos y traerán desesperación, enfermedad, hambre y tragedia a sus ya temerosas vidas. Gracias a ti los hombres tendrán siempre luz y calor en sus hogares, pero desde ahora también sufrirán en el interior de sus cuerpos la fiebre y la enfermedad.

Prometeo cayó de rodillas, consciente de que con sus acciones la humanidad había sido condenada.

—Te pido, ¡oh, Zeus!, que si en algo puedo reparar mi falta, me condenes a mí y salves a los seres humanos otorgándoles un mínimo de esperanza.

Zeus mostró una sonrisa victoriosa al ver a Prometeo rendido por fin a su pies. No hacía falta que el titán se lo pidiera, pues ya tenía preparado para él el más cruel de los castigos. Y así se lo hizo saber:

—Sufrirás hasta la eternidad encadenado sobre la cima del Cáucaso. Unos grilletes construidos por Hefesto lacerarán tus muñecas y tobillos, tu espalda se quebrará sobre las rocas, tu piel se quemará bajo un sol abrasador mientras contemplas las desdichas de esos hombres a quien tanto admiras —dijo mientras Prometeo palidecía—. Pero tranquilo, no estarás solo: un águila se posará cada día sobre tu cuerpo y, clavando sus garras en tu carne, desgarrará tu vientre y hundirá su curvado pico en él para devorar tu hígado y tus entrañas.

Prometeo visualizó el futuro que le ofrecía Zeus, pero sabía que aún había más, porque ya hacía tiempo que la imagen del águila se le había repetido en sueños.

—Aceptaré mi muerte si con ella lavo mi culpa.

—Sabes que no acabarás así, Prometeo —continuó Zeus sonriendo—, pues como titán que eres no puedo quitarte el don de la inmortalidad, aunque quisiera. Pero hay formas peores de castigarte, y al igual que día tras día yo veré a esos hombres encender el fuego que robaste a los dioses, tú también sufrirás a diario: cada noche tu carne se cerrará, tus heridas cicatrizarán y tus vísceras se reproducirán de nuevo, para que a la mañana siguiente, con la luz del alba, el águila vuelva para hurgar en tu interior y devorar tus entrañas una vez más. Temerás su grito cuando despunte el día, y pasarás la eternidad sabiendo que volverá a castigarte una y otra vez.

Prometeo aceptó el cruel destino que Zeus había preparado para él. Pero desde el primer día que estuvo encadenado a la roca, desde la primera vez que el águila se cebó en su carne y sus entrañas, desde la primera noche que sintió que su cuerpo se regeneraba, encontró algo de consuelo. Aquella esperanza que había pedido para los hombres también tenía cabida en su vida, pues en una profecía había visto que en un futuro lejano alguien lo liberaría de su sufrimiento. Ese día la eternidad se convertiría en algo pasajero. Y él estaba dispuesto a esperar.

Los doce trabajos

Humillante. Así es como Heracles calificó el quinto trabajo que le encargaba el rey Euristeo, mientras la rabia crecía en su interior. No es que le sorprendiera aquella orden que el dirigente de Tirinto le daba, pues en sus anteriores retos ya había enviado al héroe a grandes desafíos con la intención de que no volviera victorioso. Pero esta vez, en lugar de obligarle a un viaje que le enfrentara a la muerte, le encargaba un trabajo denigrante que sólo tenía por objeto ridiculizarle.

—Unos establos... —repitió Heracles, atónito.

—Exacto: los establos de Augias, rey de la Élide. Deberás limpiarlos a fondo en tan sólo un día —dijo Euristeo en tono de burla—, y tendrás que esmerarte mucho, pues llevan más de tres décadas sin vaciarse de excrementos.

Un impetuoso calor inundó el cuerpo de Heracles, que hizo un esfuerzo por contener sus puños. Si los anteriores retos le habían llevado a combatir con las bestias más salvajes, ahora el hijo de Zeus y la mortal Alcmena tendría simplemente que degradarse y realizar una faena indigna para un semidiós. El héroe, sin embargo, no tenía opción y debía aceptar sin rechistar, a pesar de que con gusto habría tomado por la fuerza el trono que Euristeo ocupaba en Tirinto y al que él, como primos hermanos que eran, tenía derecho por herencia.

—Así lo haré, limpiaré las heces del ganado de Augias, la mayor cabaña de la Élide, si con ello logro expiar mi culpa —dijo Heracles apretando los dientes para contener su rabia—. Partiré cuanto antes y no dudes de que, una vez más, volveré victorioso.

Mil veces hubiera golpeado a aquel ser despreciable y mezquino que ocupaba el trono de Tirinto. Soportar su socarronería y mordacidad le hervía la sangre, pero cuando esto ocurría, Heracles recordaba que ésa era la única manera de purificar sus faltas, pues así lo había dicho

el oráculo de Delfos. A través de la Pitia, la suma sacerdotisa, se le había revelado que sólo si se sometía a los diez encargos de Euristeo y regresaba de ellos victorioso quedaría exonerado de haber asesinado a su esposa, Mégara, y a sus hijos. Cada vez que pensaba en su familia era como si a Heracles le atravesaran el corazón con una lanza.

*

El insoportable hedor se percibía desde las afueras de la capital de la Élide. Heracles había guiado sus pasos siguiendo el cauce del río Alfeo, que discurría por un profundo valle, clavando la mirada en sus aguas mientras pensaba en cómo iba a sacar las montañas de heces de aquel establo que ya vislumbraba en la margen izquierda. Cuando llegó, se detuvo a contemplar la cabaña de reses más grande de toda Grecia y la enorme y hedionda pocilga en que las alojaban. Las dimensiones de aquella construcción hubieran hecho desistir a cualquiera; sin embargo, el hijo de Zeus nunca se daba por vencido.

Una vez delante de Augias, Heracles le explicó que estaba dispuesto a limpiar sus establos, a pesar de que ya había visto que el suelo se hallaba cubierto hasta tal punto que los excrementos se desbordaban por puertas y ventanas.

—¡Y pretendes hacerlo en un solo día! —dijo Augias riendo a carcajadas.

—En uno solo —contestó Heracles sin dudarlo—. Pero si estás tan seguro de que no podré conseguirlo, supongo que no tendrás reparos en apostar conmigo y darme una décima parte de tu ganado si lo logro antes de que anochezca.

Augias dejó de reír. Miró al héroe de arriba abajo. Tal como le habían advertido, su cuerpo era una masa de músculos como nunca había visto. Tenía unas piernas robustas como robles, unos inmensos brazos surcados por venas caudalosas como arroyos, y sus anchas espaldas podían cargar los más pesados sacos de estiércol, pero ni siquiera el hijo de Zeus podría acabar la faena en tan poco tiempo. Así que Augias accedió orgulloso, tendiéndole él mismo una pala, que Heracles asió con sus enormes manos y una sonrisa triunfal, pues ya sabía cómo superar el reto.

Nada más salir del palacio, el héroe lanzó la pala tan lejos como pudo, consciente de que jamás lograría vaciar los establos de esa manera. Luego se dirigió hacia las afueras de la ciudad, hasta llegar a las montañas que el río Alfeo había horadado en su discurrir por el valle. Y allí, usando su enorme fuerza, comenzó a empujar pesadas rocas, que rodaron hasta el cauce. Conforme las piedras iban cayendo sobre el río, sus aguas comenzaron a desviarse hacia la orilla en la que se hallaba el establo. Heracles siguió empujando las rocas hasta que consiguió desviar todo el cauce del río, dirigiéndolo hacia donde él quería. Y el agua, con una fuerza torrencial, penetró en el establo, saliendo por puertas y ventanas, de las que hizo saltar maderas y postigos con una fuerza descomunal. En su camino imparable, arrastró las montañas de excrementos y suciedad que durante tres décadas se habían acumulado en su interior. Después de que el agua purificadora corriera durante largo tiempo por el interior del establo, Heracles empujó las rocas hacia las orillas y permitió que el Alfeo regresara a su cauce natural.

Cuando Augías llegó, antes de que se pusiera el sol, se quedó perplejo. Los establos estaban completamente limpios de estiércol y el semidiós ni siquiera se había ensuciado las manos. Sin embargo, a pesar de la promesa que había hecho, a pesar incluso de que la había realizado delante de su hijo Fileo, el rey se negó a pagar su apuesta. Con gusto, Heracles le habría hundido la cabeza en las heces frescas que habían dejado las reses a su regreso al establo, pero debía volver cuanto antes a Tirinto para afrontar el siguiente trabajo. Confiaba, eso sí, en que se encontraría con Augías más adelante. Y entonces se cobraría la apuesta.

*

Euristeo tomó como excusa el trato que Heracles y Augías habían hecho para no dar por válido el triunfo del héroe, por lo que le sumaría un nuevo trabajo: viajar a la Arcadia para exterminar a las aves que habitaban en el Estínfalo, unos seres monstruosos que se alimentaban de carne humana, atacaban los pueblos y envenenaban los cultivos con sus excrementos.

Heracles se preparó para el viaje, llevando consigo los trofeos que había conseguido en sus anteriores trabajos. Así, colocó sobre sus hombros la piel que le había arrancado al león de Nemea tras matarlo con sólo la fuerza de sus manos en su primer encargo. Y a su espalda cargó un arco y un carcaj, con flechas humedecidas en la sangre venenosa de la hidra de Lerna, el monstruo cuyas cabezas se reproducían una y otra vez al ser cortadas. Heracles se había enfrentado a ella en su segundo encargo y la había matado con ayuda de su sobrino Yolao, que se dedicó a cauterizar con fuego las heridas de la bestia antes de que le crecieran más cabezas. Tan orgulloso estaba de haber dado muerte a aquella bestia que había mojado sus flechas en su sangre para hacerlas letales. Y sin embargo, el ingrato Euristeo también se había negado a validarle el reto, arguyendo que había necesitado ayuda para lograrlo. A causa de la intransigencia de su primo, Heracles tendría que culminar dos retos más, que se sumarían a los diez predichos por la Pitia.

Cuando llegó a la laguna del Estínfalo, todo parecía tranquilo. Las orillas estaban desiertas y las aguas reposaban con tanta calma que reflejaban el azul del cielo. Heracles oteó el horizonte, pero no percibió ningún movimiento, por lo que decidió buscar un lugar seguro donde esperar. Localizó un pequeño promontorio y se dirigió hacia él, y al cruzar por la orilla del lago, unas zarzas se enredaron en sus piernas, desgarrándole la piel con sus hirientes púas. Heracles ni se inmutó. Pero una vez que alcanzó el lugar exacto desde el que podía abarcar todo el lago con el alcance de sus flechas, el hijo de Zeus sintió unos horrendos graznidos y pronto vio que, a lo lejos, el cielo se oscurecía.

De aquellas heridas que para él no eran más que arañazos sin importancia había brotado sangre, cuyo olor había alertado a las bestias. El héroe aguzó la vista y pronto descubrió una bandada de aves que volaban hacia él. Su aspecto era temible: sus picos, alas y garras eran de bronce y refulgían bajo el sol, como recién fundidas por el mejor de los orfebres. Cuando las tuvo a una distancia adecuada, Heracles tensó su arco y comenzó a disparar.

Logró abatir a muchas de ellas en pleno vuelo, que caían fulminadas cuando las venenosas flechas alcanzaban sus cuerpos. Sin embargo, no había previsto que fueran tan numerosas. Cientos de aves se cernían sobre él, atacándolo por todos los flancos, revoloteando sobre su cabeza, sin que el héroe tuviera tiempo de tensar su arco, apuntar y disparar. Comenzó entonces a lanzar dos, tres y hasta cuatro flechas cada vez que soltaba la cuerda, pero el esfuerzo era en vano. Pronto las voraces aves cayeron en masa sobre él, para arrancarle la carne con sus picos.

Protegiéndose la cara, el semidiós agitó el arco sobre su cabeza y logró ahuyentarlas unos segundos, en los que pudo percibir que nuevas bandadas de aves llegaban a la laguna. Las contó por miles y se dio cuenta de que iba a ser imposible acabar con ellas con las escasas flechas que aún le quedaban. Entonces, le llamó la atención una luz que brillaba en lo alto de un cerro y, al observarla mejor, vio que de ella surgía una figura. Heracles corrió hacia aquel resplandor mientras las aves le perseguían y, conforme se acercaba, reconoció a su hermanastra Atenea, que llevaba en sus manos un extraño utensilio compuesto por pequeñas bolas de metal. En cuanto logró alcanzarla, la diosa le entregó aquel artilugio y le susurró:

—Agítalo, pues es un cascabel de bronce creado por Hefesto y resulta infalible.

Nada más sujetar el artefacto, la imagen de Atenea comenzó a desvanecerse, atravesada por las aves, que la atacaban con sus garras y picos. Heracles asió aquel instrumento metálico, lo blandió en alto y lo agitó con todas sus fuerzas. De repente, un sonido ensordecedor se expandió por el aire. En mitad de aquel estruendo, las aves comenzaron a retroceder, espantadas, lanzando graznidos y alzando de nuevo el vuelo. Mientras se alejaban, Heracles volvió a tensar su arco y abatió a cuantas pudo. Mató a muchas, pero unas cuantas huyeron en dirección a la isla de Ares, en el mar Negro. El hijo de Zeus ató entonces el cascabel a la cima del promontorio, para asegurarse de que el viento lo hiciera sonar a menudo y espantara a las que quisieran regresar.

*

El séptimo trabajo fue uno de los más sencillos. Al igual que hizo anteriormente con el jabalí de Erimanto, cuyos dientes eran capaces de quebrar de un mordisco los hombres de los que se alimentaba, y con la veloz cierva de Cerinia, con pezuñas de bronce y cornamenta de oro, a la que había perseguido durante un año completo, Heracles debía capturar ahora al toro de Creta.

Así, el hijo de Zeus navegó hasta Creta y se presentó ante el rey Minos.

—¡Vengo a capturar al toro blanco y llevárselo a Euristeo! —exclamó el héroe, seguro de sí mismo, mientras tensaba sus poderosos músculos para indicarle al rey que lo haría de manera pacífica o por la fuerza, si fuera necesario.

Mas cuál fue su sorpresa cuando Minos, derrengado en su trono, no le puso impedimentos.

—Llévatelo contigo, si puedes domarlo, pues goza de una furia incontrolable y es el causante de los mayores males de este reino...

Heracles supo así que ese toro blanco había surgido del mar para ser sacrificado a Poseidón, pero el rey cretense se había encaprichado de él y lo había dejado pastar libremente por su reino. El dios de los océanos, enfadado, había hecho que el toro preñara a Pasífae, la esposa de Minos, de cuyo vientre había nacido el Minotauro, que estaba encerrado en el laberinto por el que era famoso aquel reino.

Ligeramente confundido por no hallar resistencia, Heracles salió del palacio y se dirigió hacia el campo donde el rey le había indicado que pastaba el toro. En cuanto lo vio, se quedó admirado. El pelaje de aquella res blanca refulgía bajo la intensa luz de la isla de Creta, como si de repente una inmensa montaña de nieve hubiera caído sobre un prado verde. Poco a poco, el hijo de Zeus se fue acercando hasta tener sus ojos frente al morro de la bestia. Ambos se miraron a la cara, al tiempo que Heracles tensaba sus músculos y el toro resoplaba dispuesto a atacar.

El toro rascó la arena con su pezuña y comenzó a correr hacia el héroe, que, sin miedo alguno, no retrocedió ni un paso. Entonces, cuando el animal agachó la cabeza dispuesto a embestir, Heracles flexionó las rodillas, dio un ágil salto hacia un lado y lo agarró por los cuernos. El toro se revolvió con fuerza tratando de zafarse, y en su intento por escapar arrastró al semidiós, cuyos pies, fijándose como anclas al suelo, dejaron dos profundos surcos sobre la arena. El héroe

consiguió entonces subirse a lomos de la bestia y, sujetando aquellas dos astas, hizo cabalgar al toro hasta que éste se rindió, desfallecido.

*

Cuando Euristeo vio aparecer a Heracles a lomos del toro blanco, supo que debía cambiar de estrategia. Sin duda, enviar al héroe a capturar animales y matar monstruos no iba a servir para acabar con él. El rey de Tirinto había intentado humillarlo mandándole limpiar los establos de Augías, pero Heracles ni siquiera se había manchado... Así que ahora debía idear otra forma de denigrarlo. Y nada mejor que convertirlo en un ladrón.

De este modo, el octavo trabajo llevaría a Heracles a robar las cuatro yeguas del gigante Diomedes, rey de Tracia e hijo de Ares. En esta ocasión, el viaje era tan largo que Euristeo aceptó que el héroe fuera acompañado de cuatro voluntarios, entre los que se encontraban Yolao y también Abdero, hijo de Hermes. Junto con sus hombres, Heracles embarcó hacia el mar Negro, rumbo a la tierra de los bistones, un pueblo famoso por su crueldad con los extranjeros: Diomedes había decidido alimentar a sus yeguas con cualquier forastero que entrara en su reino, rompiendo así el requisito de hospitalidad exigido por Zeus, y las bestias se habían acostumbrado tanto al sabor de la carne humana que ya no probaban la hierba.

Cuando desembarcaron en la albufera de Bistónide, entre los ríos Travo y Cómpsato, Heracles, Yolao y Abdero se dirigieron sigilosamente al palacio de Diomedes. Pronto oyeron relinchar a las yeguas dentro de unas enormes caballerizas que permanecían cerradas a cal y canto. Heracles sabía que en cuanto notara su presencia, el rey de Tracia enviaría a sus soldados para capturarlos y dárselos de comer a aquellas bestias, así que debían apresurarse. Agazapados cerca del establo, ordenó a sus compañeros que, con sumo cuidado, escudriñaran entre las rendijas de la puerta de madera.

—Están sujetas con cadenas —dijo Abdero en cuanto sus ojos se acostumbraron a la oscuridad del interior.

—Bien..., cuando os indique, abrid las puertas del establo —ordenó a sus hombres—, y recordad que debo regresar a Tirinto con las cuatro yeguas vivas.

Tras la señal, sus hombres rompieron el cerrojo y empujaron las maderas. Dentro, las cuatro yeguas relincharon mientras levantaban sus cascos delanteros intentando llegar hasta ellos. Ninguno dio un paso atrás, pues aunque los monstruos salivaban al olor de la carne sudorosa de aquellos hombres, no podían acercarse, ya que unos poderosos grilletes que sujetaban sus patas y los encadenaban a los muros se lo impedían. Heracles sonrió satisfecho mostrando, burlón, sus dientes a las cuatro yeguas, que no dejaban de relinchar sedientas de sangre.

—Vaya, vaya, vaya —dijo una voz a sus espaldas—, ya veo que habéis conocido a mis pequeñas. Pronto las veréis más de cerca..., o incluso desde dentro de sus estómagos.

Tras la carcajada que siguió a aquellas palabras, Heracles se volvió hacia la puerta y descubrió que quien le hablaba no era otro que Diomedes, que sonreía junto a doce guardias armados. Sin mediar palabra, los bistones se lanzaron sobre ellos, mientras el rey se quedaba en la retaguardia. Yolao redujo al primero con una lanza, mientras que Abdero tumbó al siguiente de un puñetazo. El resto de los soldados cayeron sobre Heracles, que no tardó en derribarlos a todos sin apenas esfuerzo: aplastó cabezas, quebró brazos y piernas e incluso ahogó a uno atrapándole el cuello con su antebrazo. Todos quedaron tendidos en el suelo, excepto uno, que, aunque malherido, salió corriendo del lugar dejando solo a su rey.

Sintiéndose desprotegido, Diomedes tomó una espada del suelo y se abalanzó sobre Abdero, pero Heracles le detuvo interponiéndose entre ellos y agarrándole por el cuello. Con los ojos inyectados en sangre, la mano del héroe apretaba la garganta de Diomedes, pero, para su sorpresa, el gigante era más fuerte de lo que creía, y el hijo de Zeus sintió que la yugular del rey se hinchaba, oponiendo una gran resistencia a sus dedos, que se ceñían como una garra sobre la piel.

—No podrás ahogarme sólo con tus manos —consiguió decir Diomedes arrancando la voz de su garganta, antes de esbozar una perversa sonrisa.

—Entonces serás víctima de tu propia monstruosidad —gritó el héroe.

Acto seguido, tensó sus músculos dorsales girando sus anchas espaldas hacia un lado y, con la fuerza de un discóbolo, deshizo el movimiento hasta lanzar al rey de Tracia por los aires. Diomedes cayó tan cerca de las cuatro yeguas que estas empezaron a devorarlo.

Yolao y Abdero miraron hacia otro lado mientras la sangre del rey y de los soldados, que ahora Heracles arrastraba para ofrecérselos a las yeguas, se extendía por el suelo del establo.

Calmadas las yeguas por tener el estómago lleno, Heracles pudo llevarlas sin peligro y cargarlas en el barco, pero por el camino oyó que los soldados del rey, tal vez alertados por aquel que había logrado escapar, hacían sonar sus cornetas llamando a la lucha. Una vez que encadenó a las bestias, ordenó a Abdero que las cuidara mientras Yolao y los marineros desplegaban las velas: él tomaría su maza y bajaría del barco para acabar con aquellos bistones que comenzaban a aparecer en el camino que llevaba al puerto.

Situado sobre la tarima de madera de aquel embarcadero, bloqueando el paso hacia el barco, Heracles fue derribando uno a uno a cuantos soldados intentaron franquear su camino. Los vapuleaba sin descanso, destrozando sus huesos y lanzándolos a gran distancia mientras agitaba su maza sin compasión. Cuando hubo acabado con todos, regresó exultante al barco, que estaba a punto a zarpar, y encontró a Yolao desolado.

—¿Qué ha ocurrido? —gritó con los ojos como platos al ver que las yeguas estaban tumbadas junto a un charco de sangre y un quitón desgarrado en el que aún se observaban restos humanos.

—Abdero... —dijo su sobrino con el rostro desencajado.

Heracles cayó de rodillas, hundió las manos en su cabellera y lanzó un grito de rabia. El hijo de Hermes se había acercado confiado a las yeguas, creyendo que estaban saciadas, y estas habían aprovechado para devorarlo. El semidiós tomó entonces un manto, recogió cuantos despojos de Abdero quedaban y corrió a un bosque cercano para enterrarlo. Juró por los dioses que en aquel reino que había liberado de su cruel tirano se fundaría la ciudad de Abdera en honor de su amigo fallecido.

*

Nada más contemplar a las yeguas, Euristeo decidió consagrarlas a la diosa Hera, quien calmó su sed de sangre y garantizó que pariera una estirpe de caballos poderosos. Emocionado por cómo estaba incrementando el prestigio de su reino con todos aquellos seres divinos, poco le importó al rey la muerte de Abdero, pues ya estaba impaciente por que Heracles cumpliera su noveno reto: el héroe debía ir a la tierra de las amazonas y robar el cinturón de su reina, Hipólita.

—Mi hija Admete se ha encaprichado de él —dijo el rey sin miramientos—, así que debes traérmelo cuanto antes, pues pienso regalárselo.

Heracles, aún dolido por la muerte de Abdero, no hizo ningún reproche; se limitó a bajar la cabeza y reunió de nuevo a sus hombres para embarcarse rumbo al reino de aquellas mujeres de las que se decía que luchaban como varones.

Tras un largo trayecto en el que sufrieron temporales y falta de alimentos, desembarcaron en el puerto de Temiscira, donde un grupo de guerreras les dieron el alto. Al igual que sus compañeros, Heracles las miró sorprendido y admirado, pues a pesar de que él siempre había tenido a las mujeres por seres débiles que merecían protección, enseguida percibió que aquellas no necesitaban a hombres que las defendieran.

Nada más llegar al poblado, la reina de las amazonas salió de su choza y los observó con detenimiento. Todos se fijaron en el cinturón de oro que lucía, en cuyos grabados el sol parecía detenerse. Y ella sonrió para sí en silencio, satisfecha al comprobar que muchas de sus guerreras habrían derrotado a aquellos hombres, extenuados tras el largo viaje, en un abrir y cerrar de ojos. De repente, mientras los inspeccionaba, se detuvo en Heracles. Rodeándolo, observó la dureza de sus facciones, la virilidad que le aportaban las mil y una cicatrices repartidas por todo su cuerpo, el vello que tapizaba su piel y la fuerza, no exenta de atractiva arrogancia, que desprendían sus negros ojos. E Hipólita, que hasta entonces jamás había sentido nada por aquel género que consideraba cruel, simple, belicoso e irresponsable, notó que el corazón le daba un vuelco.

La reina ordenó a las amazonas que dieran comida y agua a los forasteros, mientras ella se llevaba a Heracles. El sol acababa de esconderse y sobre ellos comenzaba a caer una noche plagada de estrellas.

—Sé que, como todos, has venido en busca de mi cinturón, que contiene la magia que le infundió Ares. Pero has de saber que como hija del dios de la guerra, no te lo daré sin luchar —dijo invitándolo a sentarse a la puerta de su choza—. Sin embargo, no quiero derramar la sangre de mis hermanas en nuestro reino, por lo que estoy dispuesta a escucharte: cuéntame por qué debería entregártelo y no intentes engañarme, ya que sé que la falta de sinceridad es uno de los rasgos ligados a tu género.

Heracles, que, como cualquier hombre, habría estado dispuesto a mentir para conseguir sus propósitos, decidió dejar de lado su gallardía y sincerarse con aquella mujer cuya seguridad en sí misma la hacía aún más atractiva que su indudable belleza. Le explicó que desde antes de su nacimiento, mientras su madre lo gestaba en su vientre, Hera le había odiado tanto que incluso había retrasado su nacimiento para que el derecho al trono de Tirinto recayera en su primo Euristeo, también a punto de nacer, como así finalmente ocurrió.

—Siendo yo un bebé, Hera, engañada por Zeus, me amamantó. Pero tras darse cuenta de que yo era hijo ilegítimo de su esposo, me arrancó de su pecho y me lanzó a la tierra. No contenta con eso, la cruel esposa de mi padre introdujo dos serpientes en mi cuna, pero yo, sin tener aún consciencia de lo que hacía, las estrangulé antes de que me mordieran.

Heracles le contó así las mil y una penurias que había padecido, le habló de su falta de fortuna por el acoso al que le sometía la diosa y de cómo ésta incluso le había infundido una locura pasajera para que matara a su esposa y a sus hijos. Él no recordaba nada de aquel asesinato, pero se había despertado con las manos manchadas de sangre. Y ahora estaba intentando expiar su culpa y purificarse poniéndose, como un esclavo, a las órdenes de Euristeo.

Para cuando acabó su relato a corazón abierto, la amazona ya no lo miraba como a una bestia cruel y despiadada, sino como a un hombre que, sin dejar de ser valeroso y viril, era también un héroe más allá del campo de batalla.

—Jamás me he sincerado con nadie como contigo —finalizó Heracles rehuyendo sus ojos.

Y entonces Hipólita buscó su mirada, y sin pensarlo dos veces, empujó al héroe, que no opuso resistencia, dentro de la choza. Calló con un susurro al sorprendido Heracles, lo obligó a tumbarse en el lecho y se colocó sobre él. Después, sujetándole las muñecas y sin permitir que él tomara la iniciativa, empezó a morderle suavemente los labios. Ninguno de los dos percibió que una figura femenina los observaba desde la puerta de la choza.

*

Heracles e Hipólita tuvieron que interrumpir su encuentro en cuanto oyeron un gran estruendo fuera. A medio vestir, salieron a toda prisa de la choza y encontraron que las amazonas habían decidido poner fin a su hospitalidad y estaban atacando a los hombres con sus lanzas y hachas. Éstos se defendían como podían.

—¿Qué ocurre aquí? —preguntó Hipólita a su hermana Antíope sin entender nada mientras se abrochaba el cinturón—. Os dije que no había motivo para tratarlos como a enemigos.

—Hermana, has de saber que una recién llegada nos ha advertido de que Heracles no sólo quiere robar tu cinturón, sino también secuestrarte y llevarte con él.

Hipólita miró al héroe, que negó con la cabeza. Ante la inminente batalla que se iba a desatar, ninguno de los dos supo entender que aquella desconocida de la que hablaba Antíope no era otra que la diosa Hera, que tras oír toda la conversación entre la reina y el héroe, se había infiltrado entre las amazonas para hacer correr el rumor de que Heracles iba a secuestrar a Hipólita.

Las flechas lanzadas por las arqueras caían con gran precisión sobre los hombres, que no tardaron en batirse en retirada hacia el puerto. Heracles se apresuró a refugiarse tras un árbol. Después tomó una de las lanzas caídas y la alzó en un gesto desafiante. Hipólita no quería creer que el primer hombre en el que había confiado fuera a traicionarla, así que corrió hacia él para pedirle que detuviera aquella batalla. Pero cuando se acercaba por la espalda, Heracles se volvió obedeciendo a sus reflejos y, sin tiempo de percatarse de quién era, la espetó con la lanza.

Los ojos de Hipólita se apagaron incrédulos mientras miraban los dos carbones encendidos por la furia en los que se habían convertido los de Heracles. Éste, sin tiempo a reaccionar, le arrancó el cinturón de oro antes de salir corriendo hacia el puerto bajo una lluvia de flechas.

*

Esta vez Euristeo celebró el regreso de Heracles. Todavía emocionado tras ver el cinturón de la amazona ciñendo el peplo de su hija Admete, llamó a Heracles y le encomendó su décimo reto.

—Como has demostrado ser un gran ladrón, irás ahora a robar el ganado del hijo de Crisaor y Calírroe.

Así, sin más demora, Heracles partió para hacerse con los bueyes del gigante Gerión. El camino en esta ocasión era largo, pues debía alcanzar Eritía, una isla cerca del río Océano, donde ningún griego había llegado jamás. El hijo de Zeus preparó su barco y su tripulación y emprendió una larga travesía hacia el oeste. Navegaron durante semanas hasta que se toparon con una enorme montaña que se interponía en su ruta.

—Es como si esas rocas cerraran el mar, convirtiéndolo en un lago —le dijeron los marineros—. No podremos pasar por ahí.

Pero Heracles no estaba dispuesto a ceder y desembarcó a los pies de la montaña. Caminó por la orilla hasta situarse en el lugar que él consideraba la mitad de aquella mole de piedra. Sintió la sombra que se cernía sobre él y al mirar hacia arriba contempló un enorme acantilado. Pasó su mano sobre las pulidas rocas, suavemente, como quien acaricia el lomo de un caballo, y se detuvo en una pequeña grieta. Y ahí, hundiendo sus dedos en ella comenzó a horadarla, escarbando con cuidado hasta que la hendidura fue tan ancha como para introducir sus dos manos. El semidiós respiró profundamente con las palmas dentro de la roca, infló sus pectorales y sintió el calor que se extendía por su cuerpo. Despacio, comenzó a hacer fuerza hacia fuera con sus imponentes brazos, apoyándose en sus piernas, duras como pilares. Y, poco a poco, aquella inmensa montaña se fue quebrando en una fractura limpia, mientras miles de pequeñas rocas caían sobre el mar, que comenzó a penetrar por aquella hendidura. El forzudo héroe no dejó de empujar hasta que tuvo una pierna en cada orilla y las montañas quedaron separadas a la distancia de sus brazos extendidos. Para conmemorar su hazaña, ordenó erigir una columna en cada margen y desde entonces aquellas dos nuevas montañas serían conocidas como los pilares de Heracles.

Abierto el paso, el barco pudo llegar a Eritía. Nada más desembarcar, vieron la inmensa ganadería de bueyes que pastaba en un extenso prado. Heracles distinguió enseguida a Euritión, el pastor que cuidaba el ganado de Gerión, a cuya sombra ladraba Ortro, un perro de dos cabezas que era hermano de Cerbero, el guardián del infierno. A las órdenes de su amo, Ortro corrió hacia Heracles y le atacó con sus dobles fauces. El combate fue encarnizado, pues mientras Heracles le golpeaba una de las cabezas con su maza, la otra hundía los dientes en su carne, hasta que brotaba la sangre. Finalmente, haciendo caso omiso del dolor, el héroe logró pisar uno de los cráneos de la bestia e, inmovilizándolo, golpeó el otro con la maza. Entonces, sólo tuvo que machacar ambos hasta que los sesos quedaron esparcidos por la tierra.

Al ver a su perro reventado, Euritión agarró su cayado y se lanzó contra Heracles, quien, blandiendo de nuevo su maza, lo derribó de un solo golpe. Rematado el pastor, el hijo de Zeus recogió el bastón y comenzó a conducir a los bueyes hacia el barco. Pero Gerión, alertado por el mugido de sus reses, salió de su morada en lo alto de un cerro y descubrió a los ladrones. Los hombres de Heracles corrieron asustados al contemplar el aspecto monstruoso del gigante: Gerión caminaba sobre dos robustas extremidades, anchas como el tronco de un roble, mientras de su cintura surgían tres torsos, cada uno con sus respectivos brazos y cabezas.

—¡Seguid cargando el ganado en el barco! —gritó Heracles mientras agarraba su maza y se encaminaba hacia el promontorio donde estaba el gigante—. Yo me encargo de él.

El combate entre ambos fue despiadado, y Heracles a punto estuvo de perder la vida ante el gigante de tres cuerpos. Luchar contra Gerión era como hacerlo contra tres poderosos soldados, y el héroe no daba abasto para interceptar los golpes que recibía de aquellas seis manos que caían sobre él por todos lados: unas le sujetaban el cuello o los brazos mientras otras le aporreaban simultáneamente el rostro, el estómago o los costados. Él lograba zafarse con su fuerza una y otra vez, pero de nuevo sentía que le atizaban sin saber desde dónde. De pronto, sintió que su talón perdía el apoyo y el suelo se acababa a su espalda: el gigante había conseguido arrinconarlo en el borde de un precipicio, donde no tenía escapatoria. Con el rostro ensangrentado y agotado, consciente de que tal vez había llegado su hora, Heracles cayó de rodillas ante Gerión, que se preparó para asestarle el golpe final. Y cuando ya todo parecía perdido, el héroe escupió sangre y, levantando la vista, observó que tenía frente a él las rodillas del gigante. Entonces, se introdujo gateando entre las piernas del monstruo y una vez allí, con toda la fuerza de sus músculos, se levantó empujando al desconcertado gigante hacia el precipicio. Y así, mientras el último buey subía a la cubierta de la nave de Heracles, las tres cabezas del monstruo exhalaron sus tres últimos alientos.

Era el penúltimo trabajo, y Heracles se encontraba perdido. Euristeo le había encargado robar las manzanas del jardín de las ninfas Hespérides, pero nadie conocía dónde estaban escondidas. Sólo sabía que cuando Hera se casó con Zeus, recibió como regalo de Gea un bello árbol del que brotaban manzanas de oro y cuyo cuidado la diosa encargó a las ninfas y a un dragón, que rodeaba el tronco para que nadie se acercara. Todo lo demás era un misterio, pero Heracles no estaba dispuesto a rendirse, así que se colocó de nuevo la piel del león de Nemea sobre sus hombros, tomó sus armas y, tras observar el vuelo de los pájaros buscando algún indicio que lo guiara en su camino, empezó a viajar hacia el este.

Tras un largo periplo, Heracles llegó al Cáucaso y recorrió sus valles y montañas, oteando bien los cielos hasta que por fin creyó ver una señal: un águila sobrevolaba su cabeza dos veces al día. En aquel valle, que tardó en cruzar varias jornadas, el eco multiplicaba los sonidos y el semidiós observó que, nada más despuntar el alba, la rapaz cruzaba el cielo; después se oían unos terribles gritos y, cuando el sol se ponía, el ave regresaba a su morada volando de nuevo por encima de él.

Siguiendo esa ruta, un atardecer Heracles llegó hasta un lugar resguardado por las rocas y no pudo creer lo que vio: allí, sobre una mole de granito y basalto, se encontraba un cuerpo encadenado y ensangrentado, con el vientre abierto de tal modo que las vísceras se esparcían a sus pies. Heracles vio que la víctima aún respiraba y corrió a su lado.

—Te he estado esperando... —masculló aquel despojo a punto de desfallecer.

—Me llamo Heracles —dijo, desconcertado—. ¿Quién te ha hecho esto?

—Sé quién eres, hijo de Zeus, pues ningún secreto permanece oscuro para quien iluminó con el fuego a los humanos. Fue tu padre quien me castigó atándome a esta roca y ordenó que el águila volara hasta aquí cada amanecer para alimentarse de mis entrañas. Pero yo sabía que vendrías a liberarme algún día... y ese día ha llegado.

—¡Eres el titán Prometeo! —exclamó el héroe al oír su historia.

—El mismo... Y te ayudaré si me liberas de mi tormento.

Sin mediar más palabras, el hijo de Zeus abrió con la fuerza de sus manos los grilletes que apresaban al titán, introdujo como pudo los restos de vísceras en su vientre y le tapó con la piel del león de Nemea. A pesar del dolor de sus heridas, Prometeo se sintió reconfortado por primera vez en mucho tiempo.

*

El chillido de la rapaz los despertó cuando el sol comenzaba a despuntar tras las montañas. Prometeo, nervioso, apartó la piel de león y Heracles pudo comprobar entonces que no quedaba ni rastro de la herida: el vientre del titán se había cerrado y los órganos se habían regenerado según el castigo ideado por Zeus, un tormento que iba a terminar ese día. Así, el héroe elevó sus ojos al cielo y localizó al águila, que se acercaba ansiosa por alimentarse de las tripas de Prometeo. Entonces, agarró su arco, tomó una de las flechas que había envenenado con la sangre de la hidra y apuntó a la rapaz. Tras un tiro certero, ésta cayó muerta al mar, poniendo fin al suplicio del titán.

—¡Eres libre! —gritó Heracles ante un emocionado Prometeo—. Dime ahora dónde encontrar el jardín de las Hespérides.

—Lo desconozco, y aunque lo supiera jamás lograrías matar al dragón que custodia el árbol —dijo Prometeo ante un Heracles que lo miró desconcertado—. Pero tengo otra solución: acude al titán Atlas, encargado de sostener el mundo sobre sus hombros. Sólo él conoce dónde se esconden las Hespérides, pues son hijas suyas. Tan sólo tienes que proponerle que él recoja las manzanas para ti mientras tú le sustituyes en su tarea. Sus hijas no permitirán que el dragón le ataque, y él estará tan contento por librarse de su castigo, aunque sea un rato, que no sabrá negarse.

En efecto, el titán aceptó, y de ese modo Heracles se encontró de repente cargando el globo terráqueo sobre sus anchas espaldas, mientras Atlas se liberaba de su condena y corría, como no había hecho en mucho tiempo, a robar las manzanas de oro de las Hespérides. El titán, al que Zeus había impuesto ese castigo en el origen de los tiempos, tardó en regresar, mientras Heracles, arrodillado y cabizbajo, soportaba el peso de la bóveda celeste empapado en sudor. Cuando ya no confiaba en que Atlas retornara, oyó su voz.

—¡Aquí están las manzanas! —dijo el titán sacando de un gran saco un fruto dorado.

Heracles alzó todo lo que pudo la mirada y contempló aquellas manzanas que parecían emitir luz propia.

—Bien —dijo buscando ya el alivio para sus sobrecargados músculos—, ahora cámbiame el sitio y vuelve a tomar tu lugar bajo este pesado globo que estás obligado a sostener.

Sin embargo, Atlas, que no quería volver a aguantar ese peso durante toda la eternidad, tenía otros planes.

—No te preocupes, hijo de Zeus, pues yo mismo viajaré al reino de Euristeo para entregarle las manzanas en tu nombre. Después, regresaré aquí y te relevaré, pues sé cuán dura es la carga de soportar el peso del mundo sobre la espalda.

Atlas podía ser uno de los titanes más fuertes que existían, pero, aunque se esforzara por ser sutil y sagaz, no destacaba precisamente por estas habilidades. A pesar de que trataba de convencerlo con unas palabras que había elegido con sumo cuidado, Heracles era plenamente consciente de lo que pretendía y no estaba dispuesto a permitírselo.

—Acepto —dijo el hijo de Zeus ante un sonriente Atlas—. Pero antes te pido que vuelvas a sostener el mundo un instante, para que yo pueda cambiar de posición, buscando una más cómoda, y me coloque la piel del león de Nemea sobre mis hombros para evitar que el peso del globo los lacere.

Y cuando el confiado Atlas se arrodilló y cargó de nuevo la bóveda celeste sobre sus hombros, Heracles estiró por fin su espalda, se secó el sudor, recogió las manzanas del suelo y, tras lanzarle una sonrisa burlona al titán, corrió de vuelta al reino de Euristeo.

*

Nada más regresar a Tirinto, triunfal mientras mostraba las manzanas de oro a los súbditos del reino, Heracles sintió que la gente lo aclamaba y lo colmaba de alabanzas. Todos elogiaron las proezas del hijo de Zeus. Todos excepto Euristeo, que cada vez temía más que su primo gozara del respeto de un pueblo que podía haber sido suyo. Consciente de que su trono corría peligro, se afanó en desvirtuar los logros de su enemigo.

—Todo el reino ha podido comprobar que eres el mayor ladrón de Grecia —dijo entre carcajadas para ridiculizarlo—. Veamos ahora si en tu último trabajo eres tan poderoso como crees y logras sacar del inframundo al mismísimo can Cerbero.

La sonrisa victoriosa de Heracles se borró en cuanto oyó el duodécimo encargo de Euristeo: su celoso primo le estaba enviando a una muerte segura, pues nadie jamás había logrado descender al reino de Hades y regresar victorioso al mundo de los vivos. Aun así, el héroe sabía que sólo superando ese último reto podría al fin purificarse de sus faltas, por lo que aceptó y partió de inmediato, dispuesto a morir si hiciera falta.

Viajó primero a Eleusis, donde se instruyó en los misterios eleusinos, unos ritos en honor de Deméter y Perséfone, la señora del inframundo, para aprender qué errores no debía cometer si quería salir victorioso de aquella hazaña. Y después descendió al reino de Hades a través de una entrada en el cabo Ténaro. Una vez allí, Caronte, a quien Hermes había convencido para que le ayudara, lo condujo en su barca hasta cruzar el Aqueronte y, ya en la orilla contraria, se topó con Cerbero, cuyas tres cabezas comenzaron a ladrarle al percibir que no estaba muerto. Notó entonces que una figura oscura surgía tras el can y le hablaba con la autoridad que le daba ser el dios de aquel paraje.

—Heracles, hijo de Zeus —dijo Hades reconociendo al que era su sobrino mientras con una caricia calmaba a su perro—, Hermes, a quien tienes por benefactor, ya me ha advertido de tu llegada y de tus intenciones.

—Señor del inframundo —contestó Heracles agachando la cabeza—, debes saber que para lavar mis pecados sólo me queda llevarle este perro a Euristeo, y que pienso hacerlo aunque no cuente con tu beneplácito y ello me haga entrar en tu reino para siempre.

Sorprendido por la arrogancia de su sobrino, pero entendiendo los motivos que le llevaban a desafiarlo, Hades se apiadó de él. Conocía todos los suplicios por los que había pasado el héroe, al que tan injustamente había tratado Hera, y, en su interior, admiraba el arrojo y coraje de aquel semidiós que había salido victorioso de los más cruentos retos. Mientras se mesaba la barba con esmero, dijo:

—Llévate a Cerbero contigo y muéstraselo a Euristeo si con ello alcanzas la libertad. Y una vez que te veas liberado de estar a su servicio, tráelo de nuevo al inframundo para que siga custodiando las puertas de este reino. Siempre y cuando lo devuelvas sano y salvo, no emprenderé represalias contra ti.

*

Cuando Euristeo vio entrar al héroe en el ágora de Tirinto acompañado de Cerbero, entró en pánico. Consciente de su derrota, se resignó a escuchar las palabras del héroe delante de todos.

—Aquí lo tienes, dócil como un cachorro —le gritó Heracles entre risas—, y con él se completan los doce encargos a los que me has sometido. A partir de ahora soy libre, pues he lavado mis pecados como querían los dioses sin que ni tú ni nadie haya podido impedirlo.

—¡De acuerdo, hijo de Zeus! Te libero de tu pena, pero ¡llévate de inmediato a ese monstruo de tres cabezas de mi reino!

Y, tras el último gesto de aprobación de un rabioso Euristeo, el héroe se dio la vuelta y comenzó a caminar mientras la gente lo aclamaba, abriendo un pasillo a su paso. Los retos que pretendían acabar con él sólo habían conseguido que su gloria creciera, y Heracles sintió como si de nuevo lo hubieran liberado de sostener una enorme carga sobre sus hombros. Y entonces, cruzando entre las masas que gritaban su nombre, encaminó sus pasos hacia una nueva aventura, consciente de que ya nada podría detenerlo.

La maldición de una estirpe

Nuestro hijo debe morir —sentenció Layo, rey de Tebas.

Con el horror en el rostro, Yocasta miró primero a su esposo y después a su recién nacido, que dormía plácidamente en la cuna, ajeno al destino que su padre había elegido para él. La hija de Meneceo conocía la maldición que se escondía tras la terrible decisión de su marido, pero no estaba dispuesta a rendirse. Así que tomó a su bebé en brazos y se lo mostró.

—¿Ordenarás la muerte de tu propia sangre, amado Layo? ¿Serás capaz de hacernos eso? —le preguntó Yocasta intentando ablandarlo.

Pero Layo ni siquiera miró al recién nacido y se volvió de espaldas.

—Créeme al decir que la muerte de mi único heredero me duele más que a nadie, pero ya sabes lo que auguró el oráculo de Delfos —dijo con la voz quebrada—. Y no tenemos otra opción, pues si este niño crece, el infortunio caerá sobre este reino.

—Pero tal vez el oráculo se equivoca... —sollozó Yocasta apretando al bebé contra su pecho.

—¿Te atreves a dudar de los dioses? —dijo Layo, sintiendo el fervor en sus mejillas—. Apolo, que habla a través de la Pitia, fue claro en sus palabras, y aunque jamás te lo he contado, su profecía también te incluye a ti.

Yocasta no podía creer que su esposo, que se había mantenido tan distante después de regresar de Delfos, le hubiera ocultado una parte. Intrigada, dejó al pequeño de nuevo en su cuna y se acercó a Layo.

—¿Qué quieres decir?

—Que el oráculo predijo que si este hijo nacía no sólo me mataría, sino que también robaría mi reino, se casaría contigo y la tragedia se extendería entre los tebanos.

—Pero no es posible..., yo jamás... —se atrevió a murmurar Yocasta.

—¡Escúchame, mujer! Si dejamos que se haga adulto, ¡este parricida será el padre de tus futuros hijos, que serán frutos del incesto, trayendo la vergüenza a Tebas! —gritó Layo llevándose las manos a la cabeza hasta tirarse del cabello.

—Entonces... ¿lo matarás? ¿Serás capaz de mancharte de sangre y condenarnos? —preguntó Yocasta entre llantos.

Layo recapacitó un momento, posando la mano sobre el hombro de su esposa.

—He tenido nueve largos meses para pensarlo —dijo al fin tras contener sus lágrimas—. Llamaremos a ese pastor, Menetes. Le ordenaré que se lleve a nuestro hijo y que lo abandone en los bosques del monte Citerón para que lo devoren las fieras. Y le pediré que antes de exponerlo a las alimañas le agujeree los tobillos con un hierro candente, para que pueda atarle los pies y dejarlo colgado de un árbol.

Yocasta se lanzó sobre la cuna, presa del dolor y la rabia, y con cientos de besos se despidió de su hijo. Estaba dispuesta a obedecer a su marido y a los dioses, aunque su corazón se negaba a creer que aquel ser indefenso fuera capaz de cometer tantas atrocidades.

*

Los súbditos de Corinto aclamaron al rey Pólibo cuando éste se alzó en la tribuna instalada en el ágora y presentó a su heredero. A su lado, su esposa, Peribea, sostenía al pequeño Edipo, su único descendiente, nacido, según dijeron los reyes, por la gracia de los dioses. El pueblo celebró con grandes festejos y sacrificios en honor de Hera la llegada de un heredero a aquella región del Peloponeso que, tras años de continuas guerras, comenzaba a prosperar. El pequeño Edipo disipó también los temores de un nuevo conflicto de sucesión al trono, pues hasta ese momento se había dudado de que Pólibo, cerca ya de la vejez y con escasa salud, fuera capaz de tener descendencia con su esposa.

Durante años, mientras Edipo crecía como un niño alto y fornido, con ojos azules y cabello rubio que en nada se asemejaba a sus padres, los rumores crecieron entre los corintios. Los sacerdotes, que habían asegurado hacía años que el rey era estéril, se mostraban recelosos, aún dolidos por haber errado en sus pronósticos; los mercaderes del ágora solían especular a menudo con la posible infidelidad de Peribea y hablaban con cierta sorna del oportuno milagro de la descendencia de Pólibo. Aun así, a pesar de las sospechas, los corintios se alegraban de que en su reino, iluminado por la paz y la estabilidad que parecía haber traído consigo el heredero, prosperaran el comercio y las artes, así que terminaron por aceptar que siempre sería mejor tener como rey a un hijo, hipotéticamente, ilegítimo que enfrentarse de nuevo a las desgracias de una guerra.

Conforme Edipo se hizo mayor, y a medida que iba siendo educado en las disciplinas propias de su clase, comenzó a demostrar un audaz ingenio, especialmente en todo lo relacionado con el ejercicio físico y las artes de la guerra. Pero las comparaciones con su padre le acompañaban allá adonde iba, y aquella mañana de verano no habría de ser diferente. Como los otros días, Edipo había acudido a ejercitarse en la palestra, donde, a pesar de las cicatrices que adornaban sus tobillos y cuyo origen tantas veces él se había preguntado, destacaba en todas las disciplinas. Edipo batía a todos sus compañeros en las competiciones de velocidad y en las de salto, también en la lucha cuerpo a cuerpo, y manejaba bien la espada. Su fisonomía, tan diferente de la de su padre, llamaba la atención por haberse desarrollado con rapidez, y el joven, aun siendo un muchacho de dieciséis años, ya gozaba de una musculatura y una fuerza envidiables. Y tal vez fuera esa envidia que despertaba entre sus compañeros de edad similar la causante de que ese día oyera aquel comentario a sus espaldas mientras efectuaba un lanzamiento:

—Mira esos brazos, como si hubieran estado lanzando discos ya desde la cuna. Y esas piernas, tan fuertes y velludas como las de un oso —dijo un muchacho algo mayor pero imberbe y al que Edipo sacaba dos cabezas.

—¿De qué linaje procede ese cuerpo? Es evidente que no es hijo de Pólibo, pues éste no sería capaz de levantar ni la concha de un molusco antes de que lo derribara el viento —rio otro, comparando los enclenques brazos del enfermizo rey con los de su presunto hijo.

Como si aún tuviera el disco en sus manos, Edipo se volvió de golpe hacia ellos al oírlos y los dos jóvenes dejaron de reír al contemplar que los músculos del heredero al trono de Corinto se tensaban de nuevo. Sin atreverse a enfrentarse a él, agacharon la cabeza y se fueron caminando a paso ligero. Edipo estuvo a punto de seguirlos para exigirles que se retractaran, pero no lo hizo, y en su lugar corrió hacia palacio. Quizá porque en su interior sospechaba que aquellos rumores que le acompañaban desde pequeño podían tener algún fundamento.

Nada más llegar a palacio, corrió a preguntarle a la reina. Pero las explicaciones de Peribea sobre el origen y las extrañas marcas que adornaban los tobillos de Edipo no le parecieron convincentes al heredero del trono. Su madre pretendía hacerle creer que aquellas cicatrices, aquellas por las que le habían puesto el nombre de Edipo, el de los pies hinchados, eran de nacimiento.

—Las tenías ya cuando te sacaron de mí, y por eso te llamamos así. Durante años sufrí por si quedabas tullido y me esforcé para que aprendieras primero a gatear y después a caminar como un adulto sin necesidad de apoyarte en un bastón, como los ancianos. Pero los dioses se apiadaron de ti y mírate ahora: no sólo te sostienes sobre dos piernas poderosas, sino que eres ágil, listo y fuerte como un héroe —le explicó Peribea, abrazándolo.

Pero en la mente sagaz de Edipo nada cuadraba: ¿qué bebé nace con cuatro heridas idénticas provocadas en el vientre de su madre? ¿Y las facciones?, se preguntó Edipo contemplando su rostro una vez más en un pulido espejo de bronce. ¿Por qué él era tan rubio y de ojos azules, como los beocios, en lugar de moreno y de piel aceitunada como sus supuestos padres o la mayoría de los corintios? Todo a su alrededor en aquel reino parecía confabulado para que el joven no averiguara la verdad. ¿Y qué otra verdad podría ser sino que fuera realmente un bastardo como decían sus compañeros? O quizá todo era una mentira, un rumor difundido por los detractores de su padre, capaces de inventar una falacia como ésa para evitar que su casta siguiera en el trono.

Consciente de que nada más podría averiguar en Corinto, Edipo dijo a Peribea:

—Madre, me dirigiré a Delfos, pues me hallo perdido, y sólo la luz de Apolo podrá iluminar mi camino.

*

Cuando Edipo abandonó el templo de Apolo en Delfos estaba, si cabe, aún más hundido en el océano de sus dudas. La Pitia le había confirmado que, en efecto, era hijo de reyes, pero que una maldición se cernía sobre él y que acabaría matando a su padre para casarse con su viuda, que no sería otra que su propia madre, con la que tendría descendencia. Edipo estaba horrorizado por la profecía y crecían en él sentimientos contradictorios.

—Entonces, ¡es cierto que soy hijo de Pólibo y Peribea! —pensaba mientras se alejaba sin rumbo del templo—. Pero esa maldición... ¿Seré capaz de cometer una atrocidad de ese tipo? ¿En qué clase de ser degenerado me convertiría como para casarme con mi propia madre e incluso engendrar hijos con ella? —La imagen de Peribea embarazada cruzó por su mente y él se llevó las manos a las sienes y empezó a apretarlas con fuerza para que el pensamiento desapareciera—. ¡No! No puedo volver a Corinto, ¡debo renunciar al trono y alejarme de mi familia!

Pronto se dio cuenta de que el exilio era la única solución, pues si no volvía a ver a Pólibo nunca más, difícilmente podría matarle. Y si se alejaba de Peribea, no habría posibilidad de cometer el abominable acto de yacer con ella. Edipo decidió que en la primera ciudad que encontrara pagaría a un mensajero para que les llevara la noticia a sus padres, cuidándose de que no conocieran el motivo de su huida. Aunque drástica, ésa era la mejor opción.

El joven enfiló así otra senda diferente a la que había tomado para llegar al templo de Delfos. Caminó durante el día bajo un sol agotador, bebiendo de los ríos y alimentándose de los frutos que encontró en su camino, mientras que por las noches se despertaba empapado en sudor, entre gritos, pues no podía alejar de sus sueños la grotesca imagen de su cuerpo sobre el de su madre. Tras semanas vagando sin rumbo, se detuvo en una encrucijada para observar unas marcas que encontró en la corteza de un viejo roble. Interpretándolas, supo que allí terminaba la Fócide y que las rutas que se abrían frente a él conducían a Tesalia y Macedonia, por un lado, y a Beocia y el Ática, por otro. Sin embargo, fue incapaz de determinar cuál correspondía a cada camino, y eso le angustió, pues si se equivocaba volvería atrás y acabaría de nuevo en Corinto. Debía tomar una decisión, pero estaba tan agotado que se sentó bajo el roble y se quedó dormido.

Quisieron los dioses que lo despertara un relincho, y cuando abrió los ojos vio que se acercaba un heraldo a caballo y detrás, a pocos pasos, el carro de un noble, tirado por dos corceles engalanados. Edipo corrió hacia ellos y les bloqueó el paso en la encrucijada, para obligarlos a parar, pero el sirviente le gritó que se apartara:

—¡Sal del camino, vagabundo!

A Edipo le sorprendió el trato recibido, pero cayó en la cuenta de que, por su aspecto, con el quitón polvoriento, sucio y andrajoso tras días durmiendo al raso, y con aquella barba que había oscurecido su rostro, nadie reconocería en él al heredero del trono de Corinto. Aun así, consiguió parar los caballos.

—¿Qué ocurre, Polifontes? ¿Por qué nos detenemos? —preguntó el noble mientras el auriga tiraba de las riendas situándose a la altura de su sirviente.

—¡No es nada, señor! —contestó el heraldo antes de dirigirse a Edipo—. Apártate, harapiento, pues nuestro señor debe ir cuanto antes a Delfos y nos estás cerrando el camino.

—Indicadme antes por dónde se va a Corinto, pues he de marchar en dirección contraria, ya que de ello depende mi vida —dijo Edipo.

—¿Tu vida? ¿Acaso te persiguen allí por algo que has hecho? —preguntó Polifontes con media sonrisa mientras bajaba del caballo—. No seremos nosotros quienes ayuden a huir a un criminal, así que vete de aquí si no quieres que te detengamos.

Y como Edipo no se movió, el heraldo se dirigió hacia él dispuesto a asestarle un puñetazo, que el joven esquivó sin esfuerzo. Aprovechando el momento, el auriga azotó a los caballos e intentó pasar por el hueco que quedaba entre ambos. Pero Edipo se interpuso de nuevo en su camino, y el noble decidió usar su fusta.

—¡Pedazo de animal, así aprenderás! —le gritó tras propinarle con fuerza un latigazo en el rostro.

Edipo se tocó entonces la mejilla, de la que comenzaba a brotar sangre, y la cólera creció en él. De un manotazo agarró la fusta que aún sujetaba su agresor y, tras azotar con ella a los caballos para que corrieran, derribó de un empujón al noble, que cayó al suelo. Entonces, en apenas un instante, Edipo se dio cuenta de la tragedia que se avecinaba: los pies de aquel hombre al que había tumbado se habían enredado en las riendas, y los caballos, a galope, lo arrastraban sin piedad. Cuando el auriga, desesperado, logró detener a los animales, ya era tarde, pues su señor se había golpeado la cabeza, tenía la mirada perdida y ya no respiraba.

Edipo contempló la escena con estupor: sin quererlo, había matado a aquel hombre. Entonces, el heredero del trono de Corinto tensó sus músculos y apretó los puños dispuesto a pelear con el heraldo. Sin embargo, éste, que no era mucho mayor que él, estaba aterrorizado y no se atrevió a acercarse.

—No deseo hacer más daño, déjame marchar o me obligarás a matarte también —dijo Edipo mientras Polifontes se acercaba despacio y tembloroso—. Sube al caballo, vuelve a tu reino y di que tu señor ha muerto. ¡Vamos!

Sin apartar la mirada de él, el heraldo tomó el anillo del noble como prueba de su fallecimiento, subió al caballo y, tras espolearlo, retornó por el camino de Tebas. Edipo eligió la ruta opuesta.

*

La noticia de la muerte de Layo corrió como un potro desbocado por el reino de Tebas. El rey había sido asesinado y, como para eludir la maldición predicha por el oráculo de Delfos no había dejado descendencia, subió al trono Creonte, el hermano de la reina Yocasta. El sucesor de Layo destacaba por su carácter autoritario, y aunque tenía experiencia como gobernante, jamás imaginó que en su reinado habría de enfrentarse a los designios de los dioses, que parecían haber maldecido aquella tierra.

Apenas unos meses después de suceder a su cuñado, Creonte tuvo noticia de que un ser monstruoso se había instalado en la región de Tebas. Nadie lo sabía a ciencia cierta, pero tal vez había sido Hera, enfadada por el ascenso del nuevo rey, la que había enviado a la Esfinge, una bestia con rostro y busto de mujer, patas de león, cola escamosa como la de una serpiente y alas de águila. La Esfinge había construido su nido en los montes del oeste de Tebas, quizás en el Ficio o el Antedón, y desde allí sobrevolaba los campos, arrasando los cultivos y devorando las cosechas. Por la noche, no dejaba dormir a los tebanos con sus horripilantes cánticos. En muy pocos meses, aquel monstruo llevó el hambre y la destrucción al reino, y cuando acabó con todo el cereal y las frutas de los campos, empezó a alimentarse de carne humana, cazando a los tebanos como un águila hambrienta de presas. Los mercados se vaciaron de víveres, de mercaderes y de clientes, y Creonte tuvo que ordenar a sus soldados que vigilaran el cielo e imponer un toque de queda en la ciudad para que nadie saliera de ella cuando la Esfinge abandonaba su nido. Cada día se pedía a los tebanos que contribuyeran con lo que les quedara en casa para, entre todos, realizar una ofrenda que calmara el estómago de la Esfinge. Pero cuando ésta consideró que aquello que le daban no saciaba su hambre, volvió a atacar a cuantos se atrevían a salir a la calle.

Entonces, una mañana, mientras se encontraba en el interior de su palacio, Creonte sintió que una gran sombra oscurecía el sol que entraba por su ventana y, acto seguido, oyó un gran golpe en su jardín. Armándose de valor, ordenó a su servicio que se pusiera a buen recaudo, y él salió al exterior. Creonte vio a la bestia posada en un árbol, arrodillada sobre sus zarpas de felino y con sus brillantes alas rojas replegadas. El rey la miró a los ojos, amarillos como la bilis, intentando ocultar el asco que le provocaban, pero no tenía miedo: si era su destino, estaba dispuesto a morir ante aquel monstruo que lo observaba con su rostro frío y desafiante.

—¡Oh, bestia portadora de desgracias! Si has venido a por tu ración diaria, has de saber que ya nada queda en este reino. —Se dirigió a ella manteniendo cierta distancia—. Lo has devorado todo, y nuestros agricultores no se atreven a salir a cultivar el campo por miedo a ser cazados y, aunque se atrevieran, sería inútil, pues tu ansia hace que ni siquiera dé tiempo a que germinen las semillas. ¡Pero si lo que quieres es que yo calme con mi carne el ardor de tu estómago, aquí me tienes dispuesto a sacrificarme por mi pueblo!

Los ojos del ser alado parecieron encenderse hasta iluminar su rostro con facciones de mujer. De repente, la Esfinge habló con una voz que recordaba al silbido de las aves y que exhalaba un aliento nauseabundo, a sangre y podredumbre.

—Insignificante ser, ¿qué ganaría con ello si tu carne sólo serviría para saciarme hoy? Es cierto que vuestros campos ya no producen fruto, pero mi hambre sigue siendo insaciable, así que deberás contribuir ofreciéndome cada día a uno de tus súbditos. Yo me contentaré con un tebano mientras el resto sale a cultivar los campos y a criar el ganado de nuevo.

—¡Cruel monstruo malnacido, ofréceme cualquier cosa menos la carga de tener que ser yo quien elija entre los tebanos el que será tu banquete! —dijo el rey con una mueca de agonía.

La Esfinge recapacitó un momento antes de volver a hacer sonar su sibilante voz de ave.

—De acuerdo, cada día me enviarás como ofrenda a un voluntario y yo le plantearé un acertijo. Si adivina el enigma, podrá regresar vivo y yo dejaré en paz a tu pueblo para siempre. Pero si yerra, me servirá de alimento.

—¿Y cómo pretendes que encuentre a un voluntario que quiera correr ese riesgo? —preguntó Creonte.

—Es fácil: ofrécele tu trono a cambio, pues quién no sería más digno de ser rey que alguien dispuesto a morir por su pueblo.

Tras decir esas palabras y ver que Creonte asentía, la Esfinge desplegó sus alas vibrantes de fuego y, lanzando un grito aterrador, alzó el vuelo en dirección a las montañas.

Ninguno del primer centenar de voluntarios que intentaron derrotar a la Esfinge superó el reto. Así que Creonte, viendo diezmada la población de Tebas, ya no sólo por el hambre sino también por los sacrificios, ordenó que circulara por todos los reinos de Grecia un mensaje: aquel hombre que se enfrentara al ingenio de la Esfinge y lograra resolver su acertijo recibiría la mano de Yocasta y, con ella, el trono de Tebas. A pesar del riesgo que conllevaba, la atractiva promesa del trono y el matrimonio con Yocasta, quien aún se encontraba en la treintena, atrajo a hombres de diferentes orígenes y condición social: tracios que pertenecían a familias nobles y deseaban acrecentar su poder; macedonios que eran simples campesinos; dorios en busca de fortuna... y otros, como fue el caso de Edipo, pobres apátridas que no podían perder nada más que su vida.

*

Supo que el lugar estaba cerca conforme el hedor a sangre, muerte y tragedia se fue acentuando. A pesar del asco que mordía su estómago, Edipo aceleró el paso en cuanto distinguió la sombra de la Esfinge en lo alto de un peñasco. Conforme se acercaba, el joven encontró apiladas montañas de huesos y rocas salpicadas de sangre y vísceras humanas que, desechadas por el monstruo, se pudrían al sol, haciendo el aire irrespirable. Edipo tuvo que esforzarse por no vomitar cuando por fin llegó a una distancia prudencial de la Esfinge. Nada más verlo, ésta mostró un gesto de satisfacción y a Edipo le sorprendió que su rostro no fuera tan monstruoso como había imaginado: aunque su cuerpo estaba formado por una aberrante amalgama de trozos de animales, sus facciones tenían la serenidad de un busto de mujer tallado en piedra.

—Has de saber que hoy conocerás la muerte —dijo desafiante el héroe mirándola a sus ojos brillantes como el ámbar.

—Seguro te muestras, mas no serás el primero ni el último que yerra en su intento y acaba en mi estómago —le contestó la Esfinge con una irónica mueca—. Acércate, impetuoso joven, y te susurraré al oído el enigma de cuya resolución dependerá tu vida.

Con paso decidido, como si ya no temiera a la muerte, Edipo se acercó a la bestia, hasta que ésta posó sus labios en su oreja:

—Existe sobre la tierra un ser bípedo y cuadrúpedo, que tiene sólo una voz, y es también trípode. Es el único que cambia su aspecto de cuantos seres se mueven por la tierra, por el aire o en el mar. Pero cuando anda apoyado en más pies, entonces la movilidad en sus miembros es mucho más débil. —Y tras hurgar con sus afilados labios en una de sus alas, añadió—: Antes de que esta pluma que ahora lanzo al vacío caiga sobre la tierra, deberás darme tu respuesta.

Edipo comenzó a cavilar sin querer desconcentrarse por aquella pluma que caía desde lo alto de la montaña. Pensó en todos los animales que había visto sobre la tierra, pero ninguno respondía a esa descripción. Después, en todas las criaturas fantásticas creadas por los dioses, pero entre hidras, centauros y cíclopes no halló ninguna que encajara en tal definición. Entonces, comenzó a ponerse nervioso y, dudando de sí mismo y viendo más cerca la muerte, se sintió derrotado y optó por que su último pensamiento fuera despedirse de su madre. Y así, recordando lo mucho que ésta había luchado para que él, a pesar de las heridas de sus tobillos, lograra caminar, sintió como si el viento le soplara la respuesta en su oído. Consciente ya de su triunfo, una sonrisa se dibujó en sus labios, y justo antes de que la pluma alcanzara el fondo del abismo, dijo:

—Solo hay un ser creado por los dioses que es cuadrúpedo, bípedo y trípode a lo largo de su vida. ¡Y no es otro que el hombre!, pues siendo niño gatea, de adulto camina erguido sobre sus dos piernas y, cuando su espalda se arquea y sus rodillas fallan, se apoya en un bastón para soportar el peso de la vejez.

Tras su respuesta, el gesto de victoria que lucía el rostro de la Esfinge pareció congelarse y sus ojos lanzaron una llamarada que deslumbró a Edipo. Entonces, la bestia alzó el vuelo hasta más allá de las nubes y, cuando alcanzó la altura adecuada, replegó sus alas y se dejó caer a plomo sobre las montañas, despeñándose valle abajo. Por el helado grito que acompañó a su muerte, los tebanos supieron que alguien había vencido a la bestia y comenzaron a vitorear ya al nuevo rey.

*

Edipo recibió la mano de Yocasta y, con ella, el trono de Tebas. La reina viuda había gobernado primero junto a Layo y, tras la muerte trágica de este, al lado de su hermano Creonte. A pesar de que era mayor que él, desde el momento en que la conoció, Edipo la admiró por su inteligencia y por la belleza que la madurez otorgaba a su rostro. Pero el suyo no fue un matrimonio forzado: el flechazo de Eros los sorprendió a ambos el mismo día de su boda, cuando Edipo, delante de todos los tebanos, la tomó de las manos y le dijo:

—Yocasta, déjame que me apoye en tu experiencia para llevar este reino, ayúdame a gobernar esta tierra en la que aún me siento forastero y a ganarme el mismo respeto que gozas tú por parte de todos los ciudadanos de Tebas.

Así, el joven Edipo se dejó guiar por los consejos de su esposa, que a menudo lo acogía en su cámara, lo abrazaba y escuchaba sus inseguridades y sus dudas a la hora de tomar grandes decisiones, y le aconsejaba, consolaba y guiaba entre sus brazos como una madre haría con un niño desvalido que busca cobijo en su regazo.

—Daría mis ojos por ti, Yocasta —le había dicho en más de una ocasión—, pues no sirven de nada si tú no me guías hacia lo que es mejor para esta gente que ha sabido acogerme como rey.

Yocasta, que seguía siendo bella a pesar de todas las penurias que había sufrido su pueblo, también se enamoró de aquel muchacho al que le doblaba la edad y que había devuelto la felicidad a Tebas. Renovada y exultante, como si recuperara una juventud que a sus treinta y pocos años había creído que comenzaba a declinar, aún fue capaz de darle cuatro hijos: Polinices, el primer varón, heredero del trono y de la sagacidad de su padre; Eteocles, temperamental y combativo; Ismene, la más parecida a su madre, y Antígona, que, aunque era la pequeña, destacó por su fortaleza y su temprana madurez. Pero con cada nacimiento, el mal fue cayendo sobre Tebas en forma de plagas, como si los dioses no bendijeran aquella unión y mucho menos que ésta diera sus frutos. La sequía acabó con las cosechas nada más nacer el primogénito. Una peste hizo morir al ganado con el nacimiento del segundo. Las lluvias torrenciales anunciaron la llegada de Ismene, y los incendios se cebaron en los bosques y en la ciudad cuando nació Antígona.

Veinte años después de la proclamación de Edipo como rey de Tebas, el reino se había empobrecido, la mitad de la población había emigrado o fallecido a causa del hambre y de las pestes, y ni los sacrificios a los dioses parecían apaciguar los males de aquella tierra maldita. Cansados, enfermos y desnutridos, los tebanos se congregaron en el ágora para reclamar a Edipo que interviniera. El rey no tardó en salir a calmarlos.

—Habéis de saber que para averiguar el porqué de los males que asolan Tebas he enviado a Creonte a consultar al oráculo de Delfos, pues sólo la luz y la sabiduría de Apolo nos pueden sacar de esta noche infinita en la que nos encontramos.

Cuando Creonte regresó, los ciudadanos se reunieron de nuevo con el rey y éste les hizo saber que la desgracia de Tebas se debía a que nadie había sido condenado por el crimen de sangre que acabó con la vida del rey Layo, un asesinato cometido por un tebano que, según el oráculo, aún vivía en el reino.

—Debemos encontrar al culpable que se oculta entre nosotros y hacerle pagar su delito, pues sólo así regresará la prosperidad a esta tierra —dijo Edipo ante su pueblo—. Maldigo al cobarde asesino de Layo y no descansaré hasta que lo expulsemos de Tebas, condenándolo al exilio, del que no regresará jamás y en el que sufrirá el infortunio que merece su execrable crimen.

Acto seguido, Edipo ordenó a Creonte que irrumpiera en todas las casas de Tebas buscando a cualquiera que pudiera saber algo de la muerte del antiguo rey. Edipo había oído que un sirviente había sido testigo de la muerte de Layo y que había conseguido escapar de la emboscada, así que pidió que lo llevaran a palacio por si podía dar alguna pista más, pero su cuñado negó con la cabeza.

—No será ya posible, pues fue el primer voluntario que murió devorado por la Esfinge —le informó Creonte.

Pasados los días, y cansado de preguntar a los tebanos sin obtener indicios, Creonte llamó a Tiresias, el adivino que vivía en las afueras de la ciudad, al que Hera había dejado ciego y Zeus había recompensado con el don de la clarividencia. Cuando el adivino se presentó en palacio, el rey se dirigió a él:

—Tiresias, aquél a quien Zeus convirtió en profeta, ayuda al pueblo de Tebas y desvélanos quién es el autor del crimen por el que esta tierra sufre desde hace décadas, pues sólo tú pareces saberlo.

Pero el ciego, con los ojos perdidos en el fondo de la sala, se negó a responder:

—Déjame marchar, noble Edipo, pues no quiero causarte la desgracia. Por supuesto que sé quién mató a Layo, mas créeme que no sería bueno para ti conocer el nombre del culpable.

—¿Lo sabes y te niegas a responder? ¿Tan poco temes el castigo? —dijo Edipo, enfadado.

Tiresias acercó su mano al rostro del rey y le palpó el mentón y la barba, y después los pómulos hasta detenerse en las cuencas de los ojos.

—¡Ah, la verdad te arrancará la vista, Edipo! Pero ya que insistes en ser como yo, te diré que son tus ojos los que ven al culpable al reflejarse en una tinaja de agua, pues tú eres el que trajo la maldición a esta tierra, ¡tú eres el asesino que se sienta en el trono de su víctima!

El silencio se apoderó de la sala antes de que estallara la cólera de Edipo, que empujó al adivino hasta hacerlo caer al suelo.

—¿Qué pretendes, viejo desgraciado, acusándome a mí? ¿Deseas hundir más este reino?

—Tan sólo deseo que te enfrentes a la verdad... —dijo Tiresias palpando a su alrededor el frío mármol, intentando encontrar su cayado—. Busca a un viejo pastor llamado Menetes, que apacienta su rebaño en las faldas del Citerón. Tráelo ante ti y enséñale las marcas que adornan tus tobillos hinchados, pues él es la pieza que te falta para armar este rompecabezas. Pero te advierto que sólo lograrás unirte a mí en la desgracia, pues la verdad arrojará luz a tu pasado, pero esa misma luz cegará tu futuro.

*

—¡Menetes! —exclamó Yocasta nada más conocer el nombre del anciano que entraba en palacio.

Hacía décadas que no sabía nada de aquel hombre y su mera presencia allí despertó en ella un sinfín de temores y un inmenso dolor por el recuerdo de su primer hijo. Nada más saber que iban a interrogarlo, la reina corrió a esconderse detrás de una de las columnas de la sala donde recibía Edipo. Esperó y entonces lo vio llegar junto a los guardias, que le obligaron a postrarse ante el rey y Creonte. Aquel anciano que permanecía con las manos atadas a la espalda no parecía peligroso. Edipo lo escudriñó de arriba abajo, y acto seguido le ordenó que le mirara a la cara.

—Así que este pastor de cabras es el asesino de Layo —dijo al fin Edipo.

—¡No, yo no! Juro por Zeus que no sé por qué me acusan... —sollozó el reo.

—¿Te atreves a jurar por los dioses? Pues has de saber que fueron ellos, a través del oráculo y el don que le concedieron a Tiresias los que nos han guiado a ti, pues desde hace dos décadas tienes las manos manchadas de sangre —dijo Creonte.

—Pero yo no...

—¡Silencio! ¿Niegas haber matado al rey de Tebas? —le interrumpió Edipo.

—Señor, yo... sólo pretendo ser fiel a mi juramento a Layo...

—Entonces, admites haberlo conocido... —dijo Creonte.

—Sí, pero mucho antes de que lo mataran..., y es algo de lo que no puedo hablar, pues juré por mi vida no explicarlo jamás...

—¡Habla, Menetes —gritó enfurecido Creonte—, pues de ello depende tu destino!

Angustiado, el pastor contó lo que ocurrió hace tanto tiempo como años tenía Edipo: cómo Layo le ordenó que le perforara los tobillos a su hijo y lo abandonara en el Citerón, y cómo él, incapaz de cargar con un crimen tan atroz, desoyó el mandato del rey y dejó al bebé en una cesta en un campo a las afueras de Corinto. Contó también que, para asegurarse de que nada le pasara al crío, esperó a que alguien oyera su llanto y, tras cerciorarse de que una de las sirvientas de la reina Peribea lo encontraba, había regresado al monte seguro de que el niño sobreviviría.

Entonces, un grito desesperado inundó la sala. Y todos, salvo Edipo, miraron hacia la columna de donde provenía. Al instante, apareció Yocasta, con el rostro desencajado.

—¡Maldito seas! —gritó entre lágrimas mientras señalaba al pastor—. ¡Debiste matarlo para librarnos de la profecía! ¡Ese niño no debía crecer, porque estaba destinado a dar muerte a su padre y a reinar en esta tierra tras hacerme su esposa, cometiendo un inefable incesto!

Edipo miró con estupor a la reina, mientras sentía que le ardían los tobillos. Porque el nombre de su madre y aquel detalle mencionado por el pastor, aquellas marcas que desde pequeño él había visto en sus pies, cobraban ahora pleno sentido. Y, con ellas, había una explicación para aquellos orígenes de los que él siempre había dudado. Las palabras, las imágenes y los recuerdos se retorcían como un torbellino en su mente, y de repente se sintió aterrado. ¡Incesto! Yocasta había dicho incesto; ahora todo cuadraba. Edipo, quien con su audacia había logrado vencer a la Esfinge, que con su intelecto había buscado mil soluciones para mantener su reino, no había querido ver la tragedia que de una forma tan clara había estado expuesta desde siempre delante de sus ojos.

Yocasta se abalanzó sobre Edipo sin que éste hiciera nada por evitarlo y comenzó a golpearlo mientras lloraba desesperada. Creonte la agarró por la cintura y la separó de él, sin entender por qué su hermana descargaba su furia con el rey.

—Tranquilízate, Yocasta —dijo mientras la sostenía por los brazos y la miraba a los ojos—, pues si todo esto es cierto, si el asesino de Layo no es otro que el hijo que tuviste con él, ahora sólo debemos buscarlo y juro por los dioses que removeré cielo y tierra hasta encontrarlo...

—No hará falta —dijo por fin Edipo levantándose ligeramente la túnica a la altura de sus tobillos—, pues soy yo a quien buscáis... y estas cicatrices son la prueba de ello. ¡Son la prueba de que yo soy ese niño abandonado por Menetes! ¡Son la prueba de que aquel hombre a quien hace años quité la vida cerca de Delfos era mi padre, Layo! ¡Y son la prueba de que Yocasta es a la vez mi madre y mi esposa!

Un oscuro silencio, como el que precede a una gran tempestad, se apoderó de todos los presentes durante unos segundos que se hicieron eternos. Entonces, Yocasta miró a Edipo con la angustia mordiendo su pecho, se llevó las manos al vientre, que se agitaba con desesperación, y, no pudiendo soportar más aquella situación, huyó corriendo de la sala.

*

Ismene y Antígona lloraban abrazadas en la puerta de la cámara, por lo que nada más llegar hasta ellas, Edipo supo que una nueva tragedia había ocurrido. Se detuvo en el umbral de la habitación de Yocasta, que estaba en penumbra, apenas iluminada por un rayo de sol que se colaba por la ventana, y entonces percibió que una sombra se balanceaba sobre el suelo. Sin querer confirmar sus temores, el rey apretó los dientes para no mirar hacia el techo de la estancia. Pero no pudo evitar hacerlo, y en cuanto sus ojos se posaron sobre el cuerpo que proyectaba la sombra, el dolor se apoderó de su corazón.

Colgada de una viga, con un velo rodeando su cuello, pendía inerte Yocasta. Edipo se fijó en sus ojos desorbitados y la mueca torcida que había aparecido en aquellos labios que tantas veces había besado. Entonces, enloqueció y se aferró a las piernas de su esposa, en un intento por evitar que su peso continuara ahorcándola. Pero ya era tarde. Consciente de su fracaso, Edipo la soltó, se subió a la cama y se estiró hasta lograr deshacer el nudo y descolgar el cuerpo de la reina.

—¡Maldita sea mi estirpe y malditos los dioses que han permitido esta desgracia! —gritó mientras abrazaba el cadáver—. Yocasta..., mi esposa y mi madre... ¡Yo, tu hijo y tu esposo! ¡Qué crimen cometimos para ser merecedores de este castigo que acompañará a nuestra familia, a nuestros hijos, donde quiera que vayan! —sollozó.

El cuerpo de Yocasta, con su blanca piel y sus delicadas formas que ahora Edipo miraba con una extraña mezcla de amor y repulsión, se desplomó en sus brazos hasta hacerle caer al suelo. Entonces, el rey le desató las dos fíbulas de oro que sostenían el vestido, que se deslizó hasta dejar al descubierto los senos. Edipo se fijó en ellos: eran los pechos que tantas veces había besado en aquella misma cámara sin saber que eran los mismos que le habían amamantado recién nacido. Una arcada le mordió el estómago e hizo que soltara el cuerpo de Yocasta, que se dio la vuelta. Se puso de pie, retrocedió unos pasos y sintió que las lágrimas corrían como torrentes por sus mejillas. Se llevó entonces las manos al rostro para enjugarlas y comprobó que aún agarraba con fuerza las fíbulas del vestido. En ese momento, para no contemplar más su desgracia, se hundió los alfileres en los ojos hasta que la sangre se desbordó por sus cuencas y la noche lo atrapó para siempre.

*

Un silencio atronador se apoderó del ágora de Tebas cuando Creonte, vestido con la dignidad de los reyes, se presentó ante los ciudadanos que aguardaban en la plaza. Tras él, secundándolo, se hallaban todos los ancianos miembros del Consejo. Cuando todos hubieron tomado su lugar, los

tebanos observaron que Antígona ayudaba a subir la escalinata a un hombre con los ojos vendados. El pueblo de Tebas comenzó a murmurar al reconocer en aquella figura avejentada y frágil al que había sido su magnánimo rey. Edipo, aquel joven que había llegado a Tebas con su apariencia imponente, el héroe capaz de librar al pueblo de la maldición de la Esfinge y el monarca que durante décadas había gobernado de manera justa a pesar de todas las desgracias, parecía ahora un ser menguado, herido e indefenso que requería la ayuda de su hija. Antígona, sosteniendo firmemente a su padre, lo situó en el centro del Consejo y dio un pequeño paso atrás sin apartarse del todo de su lado. Entonces, Creonte tomó la palabra.

—Pueblo de Tebas, vosotros, que habéis sufrido los designios divinos, sabed que el hambre y la miseria que sacuden nuestro reino tocan a su fin, pues hemos hallado al culpable de la muerte de Layo —dijo antes de hacer una pausa—. Y éste no es otro que Edipo.

Un intenso murmullo fue alzándose entre los tebanos hasta que unos gritos lo rompieron.

—¡Imposible! Nuestro rey jamás haría eso —se oyó desde alguna parte de aquella multitud.

—¡Calma, calma! —pidió Creonte alzando sus manos—. Habéis de saber que aquel que teníamos por rey no es hijo de Pólibo y Peribea, sino de Layo y Yocasta, quienes lo creyeron muerto —dijo mientras los tebanos no salían de su asombro—. Quisieron los dioses que ese niño acabara siendo adoptado por los reyes de Corinto y que más tarde, ya crecido, matara a Layo por accidente. El destino, que nunca es caprichoso, lo trajo a Tebas, donde como sabéis nos libró de la bestia y ganó el trono, un trono que en realidad ya le correspondía por herencia. Y también ganó la mano de mi hermana Yocasta, sin que ninguno de los dos, ¡sin que ninguno de los aquí presentes!, sospechara el incesto al que se abocaban y de cuyo ignominioso fruto nacieron sus cuatro descendientes, que son al mismo tiempo hijos y hermanos de Edipo.

—¡Vergüenza! —gritó alguien, enseguida secundado por la multitud.

Creonte intentó calmarlos de nuevo.

—Vergüenza, sí, para todo este reino. Y también para mi hermana, que no ha podido soportar la atrocidad cometida y que... —dijo con un nudo en la garganta— ha preferido quitarse la vida antes que vivir mancillada por tan inefable falta.

De nuevo, un murmullo se extendió entre los tebanos antes de que nuevas voces lo interrumpieran.

—¡Expulsemos a Edipo de nuestra tierra! —pidieron desde el fondo del ágora.

—¡Este reino debe ser purificado para que no nos castiguen más los dioses! —gritó una voz de anciano.

En ese momento, Edipo, separándose ligeramente de su hija, dio un paso adelante y se dirigió al pueblo. Cuando percibió el silencio, dijo:

—Tebanos, a quienes he amado como si ésta fuera mi tierra, sin sospechar siquiera que en efecto así era. Cuando llegué al trono de Tebas, juré que jamás faltaría al respeto a su gente y que si algún día mi presencia era un impedimento para el bienestar de este reino, me alejaría de aquí de inmediato. Asumo ahora mi culpa para acallar la furia de los dioses y acabar con la maldición que se ha cebado en mi familia y en esta ciudad. Sabed que me he arrancado los ojos y que, si es necesario, me quitaré la vida ante vosotros si con ello logro resarciros de todo el mal que os he causado. Mas habéis de entender que vivir lamentando la atrocidad que he cometido es el peor de los castigos que podéis infligirme.

Los tebanos comenzaron a agitarse de nuevo, divididos ahora entre los que admiraban la abnegación del que había sido su rey y los que lo miraban como un monstruo que había traído la desgracia a su tierra. De nuevo se oyeron gritos proferidos desde varios rincones del ágora:

—¡Has hecho bien en cegarte, malnacido! —se oyó antes de que un bastón lanzado desde la multitud cayera cerca de Edipo.

—¡No queremos más sangre derramada en esta tierra! ¡Y menos la sangre venenosa de toda tu estirpe!

—¡Exilio! ¡Exilio! —pidió alguien, antes de ser secundado por los demás.

Aquel último grito se extendió por toda el ágora hasta hacerse unánime entre los presentes. Y acto seguido, siguiendo los deseos del pueblo, el Consejo perdonó la vida a Edipo y le condenó a ser expulsado de inmediato de Tebas, con la condición de no volver jamás. Una lluvia de piedras, ramas y escupitajos cayeron sobre él y lo acompañaron hasta las afueras de la ciudad, mientras su hija Antígona, como un perro lazarillo, lo sostenía del brazo y guiaba sus pasos hacia el más innoble de los exilios.

—Quédate en Tebas, hija —le rogó Edipo cuando cesaron los gritos y los golpes—, demasiado desgraciada he hecho tu vida ya.

Pero Antígona no estaba dispuesta a abandonarlo y, sin dejar de mirar a los tebanos que aún los observaban desde cierta distancia, escupió en el suelo de aquella maldita tierra.

—No insistas, padre, pues desde ahora seré los ojos que evitarán que tropieces en el camino.

Y así, apoyándose en su hija y sintiendo cómo bajo sus pies se acababa el empedrado de su reino, Edipo encaminó sus pasos temblorosos hacia el Citerón, el monte en el que, recién nacido, debería haber hallado la muerte.

El deber moral

Una luna rojiza, como si la noche anunciara tragedia, iluminaba Tebas mientras los guardias conducían a Antígona por las intrincadas calles de la ciudad. El silencio se había apoderado de ellos durante todo el camino y la hija de Edipo se sentía parte de un cortejo fúnebre. Cuando llegaron al palacio, los guardias arrojaron a Antígona como si fuera una criminal a los pies de Creonte, que se encontraba junto a su esposa, Eurídice. El rey, que de nuevo ocupaba el trono de la ciudad tras la muerte de los dos hijos varones de Edipo, no pareció sorprenderse al ver que sus hombres habían apresado a su sobrina. Hacía unos días que buscaba al culpable y ahora lo tenía ante él.

—Fue ella —dijo uno de los guardias—. La hemos sorprendido echando tierra sobre el cadáver de Polinices, y por eso la traemos a tu presencia.

Creonte hizo un gesto para que su escolta los dejara a solas y, acto seguido, le pidió a Eurídice que también abandonara la sala. Pero en lugar de dirigirse a la salida, su esposa se encaminó hacia una pequeña mesa donde había una jarra bellamente decorada. El rey la siguió con la mirada y pronto entendió que Eurídice buscaba un pretexto para quedarse: ofrecer agua a la joven era lo mejor que se le ocurría.

—Tú también, esposa mía —dijo, inamovible—, prefiero que no te tengas que ver tratando con delincuentes.

Eurídice estuvo a punto de quejarse, pero Creonte se adelantó poniéndose el dedo índice sobre los labios, y ella no pudo más que acatar la orden y salir de la sala, no sin antes dirigir una mirada de preocupación a Antígona, que seguía postrada en el suelo. Una vez que se marchó la esposa del rey, él mismo vertió agua en una copa y se la ofreció a Antígona, que en ese instante se ponía de pie. La joven rechazó la invitación, y Creonte, tras encogerse de hombros, bebió.

—Debí suponer que habías sido tú —dijo después de aclararse la garganta—. Antígona, sobrina mía, hermana de Eteocles y Polinices... ¿Quién si no estaría dispuesta a desobedecer mis órdenes sin importarle las consecuencias? ¿Acaso no temes las represalias que puedan tomarse contra ti por querer honrar a un traidor que pretendía usurpar el trono de Tebas?

—¿Acaso el trono de Tebas no está usurpado ahora por un líder ilegítimo? —le reprochó Antígona, buscando herir a su tío con sus palabras—. Mi único delito es no acatar una ley que va en contra de los dioses..., y los dioses dicen que hay que dar sepultura a los muertos.

—Ay, Antígona, siempre rebelde y desafiante... Lo fuiste cuando abandonaste esta ciudad para acompañar a Edipo, tu inefable padre y, permíteme decirlo, también hermano... ¡Y lo sigues siendo ahora que has regresado!

—Mi padre fue víctima de la maldición de los dioses, y contra eso nada está en mi mano. Pero no permitiré que tú, que no eres más que un mortal, impongas tu ansia de poder sobre los mandatos divinos.

—Ah, mujeres, ¡qué contumaces llegáis a ser cuando se os lleva la contraria! ¡Y tú, cuán injusta eres anteponiendo tus familiares al bienestar de este reino! Bien harías en comportarte como tu hermana Ismene, quien a pesar de su dolor por la muerte de Eteocles y Polinices, en todo momento ha sabido de qué lado situarse.

Antígona no estaba dispuesta a que la compararan con su hermana, quien temía a Creonte tanto como al mismo Zeus. La joven se mantuvo firme, con la mirada anclada en el suelo, mientras su tío la rodeaba explicándole los motivos por los que había prohibido dar entierro o incinerar a su hermano.

Creonte había ordenado que el cadáver de Polinices fuese expuesto en el bosque que rodeaba la ciudad, para que todos los tebanos fueran testigos del destino que merecen los traidores. Castigaba así al hijo de Edipo, que se había enfrentado a su hermano Eteocles, con quien debía alternarse en el trono de Tebas cada dos años. Cuando el turno de este último hubo expirado, se negó a cederlo a Polinices, quien respondió atacando la ciudad e iniciando una guerra fratricida que había llevado a los dos a la muerte. Y ahora, Creonte, tras asumir el trono de Tebas como ya había hecho en otras dos ocasiones, tras el asesinato de Layo y tras la condena al exilio de Edipo, había dispuesto que se diera sepultura sólo a Eteocles: en el caso de Polinices se negaba, alegando que éste había conspirado contra el reino y, por tanto, no debía ser honrado con un entierro. Contraviniendo los deseos de los dioses, Creonte había prohibido que movieran el cadáver, que las mujeres lo ungieran con aceite, lo amortajaran y lo expusieran en la entrada de su casa para que los familiares y amigos pudieran despedirse de él. También había impedido, y en ese detalle había sido muy obstinado, que se vertiera tierra sobre el cuerpo de Polinices, de manera que su alma no entrara en el reino de Hades. Sin el contacto con la tierra, no podía cruzar el Aqueronte y, por tanto, estaba condenada a vagar por un mundo intermedio, que no correspondía ni al de los vivos ni al de los muertos. Para evitar que ningún tebano se apiadara de aquellos despojos insepultos, el nuevo rey había promulgado un edicto por el que condenaba a la pena capital a quien osara acercarse al cadáver, que quedaría así a merced de las bestias.

Pero Antígona se había negado a acatar esas órdenes injustas y, tras mojar un velo en perfume para suavizar el hedor que, tras días expuesto al aire libre, desprendía el cadáver de Polinices, había lavado y cubierto con un sudario el cuerpo de su hermano. Los guardias lo habían encontrado por la mañana perfectamente colocado bocarriba, con los brazos sobre el vientre en una actitud de dignidad, como correspondía a un príncipe. Y Creonte, después de que le informaran de que alguien había ungido y amortajado el cuerpo de Polinices en las afueras de Tebas, había ordenado que vigilaran el lugar día y noche, pues estaba seguro de que el culpable volvería a finalizar su tarea y enterrarlo.

—Nadie merece pudrirse sin que se le dé sepultura —dijo Antígona una vez que Creonte acabó su discurso—. Y si crees que he sido yo quien ha obrado mal, reúne al Consejo y con gusto me someteré a su juicio, mas has de saber que también te juzgarán conmigo, pues este asunto va más allá de mis acciones e implica también tu irresponsable agravio a los dioses.

Creonte la miró frunciendo los labios para contener su rabia. ¡Antígona! Siempre supo escoger bien los argumentos, como si fuera el espíritu de Edipo el que susurrara las palabras adecuadas en su oído. Pero por mucho que aquella joven hubiera heredado el ingenio y el arrojo de su padre, no estaba dispuesto a que una mujer le mirara a los ojos sin temerle, que una mujer se atreviera a cuestionar sus decisiones y, mucho menos, que una mujer lo amenazara. ¡Antígona!, pensó, si por ella fuera convencería a todos de que, ahora que han muerto sus hermanos, es la legítima heredera del trono de Tebas. Y, por un momento, Creonte no tuvo dudas de que, a pesar de ser mujer, aquella joven que le observaba con el fuego del desafío en la mirada gobernaría con tanta seguridad, justicia y maestría como si fuera un hombre. O incluso mejor.

—Así sea —dijo al fin—. Llamemos al Consejo.

Ninguno de los dos se dio cuenta de que escondida en un rincón de la sala, Eurídice los había estado escuchando.

*

En cuanto se enteró de que su esposo iba a juzgar a Antígona, Eurídice se echó un manto sobre los hombros y corrió a buscar a su hijo por las empinadas calles de la acrópolis tebana. Lo encontró saliendo del templo de Deméter, cerca de donde la tradición afirmaba que Cadmo había fundado la primera ciudad tras haber seguido a una vaca que, desfallecida, le había mostrado dónde colocar la primera piedra. Sobrecogida por el simbolismo de tan sagrado lugar, Eurídice llamó a su hijo, que al verla corrió hacia ella.

—¡Hemón, han apresado a Antígona! —le dijo—. La han sorprendido cubriendo con un manto de tierra el cuerpo de Polinices y la han llevado ante tu padre...

Al oír el nombre de su prometida, Hemón sintió como si le agujerearan el corazón con una lanza, pues conocía las intenciones de su futura esposa. Él había intentado disuadirla, asegurándole que a Creonte no le temblaría el pulso si la sorprendía desobedeciendo sus órdenes, y que la condenaría a muerte, pues así lo había establecido para aquel que osara llevarle la contraria. Pero Hemón también sabía que cuando la obstinada Antígona tomaba una determinación, y más aún cuando estaba convencida de que hacía lo correcto, nada podía frenarla. Así, años antes, Antígona había salido de Tebas con la cabeza erguida para acompañar a su padre ciego en su exilio, y así, con toda la dignidad de quien siempre ha antepuesto la familia a su propia felicidad, había regresado a la ciudad una vez muerto Edipo. A pesar de que Creonte se lo había prohibido, Hemón se había enamorado de ese carácter indomable, pues nunca había conocido a una mujer con tanta dignidad, con tanta seguridad en sí misma y tan íntegra como para estar dispuesta a jugarse la vida por honrar a la familia y a los dioses. Tal era la honestidad de Antígona que, a pesar de ser una proscrita y de llevar en su sangre la incestuosa vergüenza cometida por su padre, a su regreso los tebanos la habían acogido, respetándola como a una más. Tal era la fuerza de aquella mujer capaz de enfrentarse a todos que incluso había aceptado el amor de Hemón y su propuesta de casamiento, a sabiendas de que aquel matrimonio la llevaría a tener por suegro a un ser deleznable que había echado a Edipo de la ciudad y que ahora había privado a Polinices de un rito fúnebre que garantizara su paso al reino de los muertos.

—¡Madre, debemos parar esta locura, pues sabes que él siempre cumple su palabra! —exclamó Hemón mientras abrazaba a Eurídice.

—¡Tu padre se equivoca, Hemón! ¡Hará que la desgracia caiga sobre nosotros y de nuevo sobre Tebas! Corre, pues está a punto de reunir al Consejo.

Como si tuviera alas en los tobillos, Hemón se precipitó hacia el palacio, atravesó el patio rodeado de columnas y accedió al salón donde los criados le indicaron que se hallaba Creonte

siguiendo el ritual que les garantiza el paso de esta vida al mundo de los difuntos. Y así, obedeciendo el mandato de Zeus y los suyos, yo también he honrado a mi hermano Polinices, al que Creonte, valiéndose de una autoridad que los dioses no le han otorgado, condenó a un innoble agravio. ¿Constituye mi rebeldía un crimen? —preguntó antes de hacer una breve pausa—. Sé que Polinices traicionó a este reino trayendo a Adrasto y a Tideo, a Anfiarao y a Hipodemonte, a Capaneo y a Partenopeo, y junto con ellos formó el ejército al que llamasteis los Siete de Tebas, que tanta sangre derramó sobre esta tierra. No niego el delito de mi hermano, pero no es menos cierto que fue provocado por el incumplimiento de Eteocles de cederle el trono cuando le correspondía. Mas sabéis que, incluso para los traidores, los dioses también consideran la necesidad de ser correctamente honrados tras la muerte. —De nuevo, el murmullo se extendió entre la masa, que aprobó de buen grado que Antígona reconociese la traición de Polinices—. No es venganza ni odio lo que me mueve a querer enterrar a mi hermano, sino el amor a la familia y el respeto a los dioses. Y ése es el dilema que planteo hoy aquí ante vosotros: ¿es justo seguir las leyes aprobadas por un tirano cuando estas contradicen las dictadas por los dioses?

Encaramado a un carro de los que usaban en el mercado, Hemón levantó el puño y animó al pueblo a gritar que la joven tenía razón. Para desagrado de Creonte, los rostros de los tebanos comenzaron a mostrar una gran admiración por la sabiduría de aquella mujer que hablaba con el verbo propio de un magistrado. E incluso alguno de los miembros del Consejo que estaban detrás de ella murmuraron que Antígona había heredado, sin ninguna duda, la capacidad oratoria de su padre. Consciente de que la situación se le escapaba de las manos, Creonte tomó de nuevo la palabra.

—No se trata de solucionar un dilema. La cuestión es que quebrantaste una ley de Tebas y mereces ser castigada por ello —dijo intentando callar a la joven.

Pero lejos de achantarse, Antígona se creció, desafiante, y sosteniendo los ojos inyectados en sangre de Creonte, exclamó:

—¡Y una y mil veces la quebrantaría, pues ninguna de tus proclamas tiene tanto poder como para que una mortal como yo renuncie a cumplir las leyes inquebrantables de los dioses! —Y entonces, caminando hacia él con los brazos caídos y expuestos, añadió—: Por tanto, si un mortal se atreve a desafiar a los cielos, si tú, Creonte, crees que merezco la muerte, riega Tebas con mi sangre y condena de nuevo a nuestro pueblo a sufrir la maldición de los dioses.

Animados por Hemón, que sentía con fuerza el corazón palpitando en su pecho, los tebanos comenzaron a gritar que exculparan a Antígona de todo cargo, temerosos de que de nuevo el hambre, la guerra y la penuria se extendieran por el reino. Pero Creonte no estaba dispuesto a mostrar debilidad y, defraudado por la posición que había tomado su hijo y gran parte de los tebanos, se dirigió a la multitud:

—No temáis, pues la infecta sangre de Antígona no mancillará esta tierra. Para que veáis que soy más magnánimo de lo que muchos creéis y que gobierno sometido a las leyes de los dioses, dejaré que sean ellos mismos los que resuelvan este juicio. —Sonrió mientras hacía una pausa para observar la cara de alivio de su hijo y de la muchedumbre, y después se detuvo en el rostro de la acusada, en el que, para su sorpresa, no había ni un ápice de esperanza—. Antígona, tú que tanto te debes a las divinidades, en lugar de morir ajusticiada, te condeno a ser enterrada viva en una gruta —dijo apretando los dientes cerca del rostro de la joven, que se mantuvo impertérrita—. Te aprovisionaremos de comida y agua, y cerraremos la entrada con una enorme roca, dejando así que sean los dioses los que decidan tu destino.

*

El último rayo de luz se extinguió cuando los guardias hicieron rodar la enorme piedra que sellaba la cueva. Vestida con un sudario y con la piel ungida en aceite, como había ordenado Creonte, Antígona dejó que sus ojos se acostumbraran a la oscuridad, rota únicamente por el crepitar de una pequeña lucerna que brillaba junto a un saliente de la roca donde habían depositado pan, carne seca, fruta y un gran odre con agua. La hija de Edipo sintió cómo la humedad se posaba en su piel y cómo el frío, poco a poco, iba calando en sus huesos. Oyó también una gota que caía incesantemente cada instante. Siguiendo el sonido repetido por el eco, descubrió que el agua provenía de la enorme raíz de un árbol que atravesaba el rocoso techo. Sin apenas luz, tiritando, martirizada por el ruido constante, Antígona trató de empujar la piedra que sellaba su tumba. Pero no consiguió que se moviera ni un ápice. Se tumbó entonces en el suelo y repasó su vida. Recordó cómo había ayudado a su padre hasta su muerte en Colono y cómo desde que había regresado a Tebas había deseado que Creonte cayera. Sonrió amargamente. Tal vez no había logrado honrar a Polinices, pero al menos había hecho tambalear el poder de ese tirano. No se arrepentía de nada. Se acordó también de su madre, Yocasta, que había preferido suicidarse antes que vivir en la vergüenza. Y maldijo de nuevo a Creonte por no haber permitido que Ismene y Hemón la acompañaran hasta aquella tumba cuya ubicación sólo él y los guardias, bajo pena de muerte si osaban revelar el lugar, conocían. Al pensar en Hemón, lamentó no volver a verlo, no poder darle hijos, no reinar junto a él en el trono de Tebas.

No sabía cuántas horas o días estuvo allí, en mitad de la oscuridad, pero antes de que la lucerna se apagara, Antígona ya había tomado una resolución. Se despojó del sudario y lo rasgó en decenas de jirones, que fue atando y trenzando uno a uno hasta que logró fabricar una soga lo suficientemente fuerte. Después ató un extremo a la raíz que pendía del techo y otro a su cuello, trepó como pudo por la pared de piedra y, encomendándose a los dioses, se dejó caer hasta ahorcarse.

*

Cuando Hemón consiguió mover la roca que sellaba la cueva, sintió que el pecho se le partía en dos. Habían tardado demasiado en localizar a Antígona y sólo tras amenazar de muerte a uno de los guardias de Creonte había conseguido conocer dónde la habían enterrado. Se había quebrado la voz gritando mientras, con ayuda de una enorme estaca que le servía de palanca, desplazaba la piedra, pero no había tenido respuesta del otro lado. Y ahora, en cuanto sus pupilas lograron acostumbrarse a la oscuridad del interior de la cueva, descubrió horrorizado que sus temores se cumplían. Roto de dolor, se apresuró a bajar el cadáver y lo abrazó entre lágrimas.

—¡No, no! —alcanzó a decir presa de la rabia mientras deshacía el nudo que apresaba el cuello de la joven—. ¡Mi padre es el culpable de todo esto! ¡Yo te maldigo, Creonte! —gritó entre lágrimas—. ¡Caigan sobre tu conciencia la muerte de Antígona y la mía propia, pues sólo deseo reencontrarme con ella en el reino de Hades!

Besó entonces el cadáver de su prometida, sin saber que repetía la misma acción que Edipo cuando halló a Yocasta ahorcada de la misma manera. Y acto seguido, con la misma cuerda que Antígona había usado, también se colgó.

*

Los guardias no tardaron en informar a los reyes de que Antígona y Hemón se habían suicidado. Al oír la noticia, Eurídice se tiró del cabello mientras señalaba a Creonte con un dedo acusador.

—¡Tú, maldito tirano que quisiste reinar por encima de los dioses! ¡Tu prepotencia ha traído la tragedia a este reino! —gritó desesperada ante su atónito esposo—. Por ti he perdido a mis dos hijos y por ti ha muerto una mujer con más sentido común que tú para gobernar esta tierra. ¡Caiga sobre ti la vergüenza!

Eurídice se precipitó sobre su marido dispuesta a arrancarle los ojos, pero la escolta se lo impidió. Y entonces, mientras Creonte, que aún intentaba asimilar la muerte de su hijo, miraba

sin reconocerlo el rostro de su esposa, a quien la ira había trastocado, se percató de que Eurídice había agarrado una espada del cinto de uno de los guardias. El rey temió por su vida, pero antes de que pudiera reaccionar, la reina alzó la espada y, con un golpe certero, la hundió hasta atravesarse el vientre.

Creonte corrió a sujetarla y se desplomó con ella en el suelo. Y así, mientras Eurídice se desangraba, asumió su culpa y, entre sollozos, ordenó que dieran sepultura a Polinices. Pagó un alto precio, pero por fin entendió que anteponer la ambición humana a las leyes divinas sólo nos aboca a la desgracia.

EL VELLOCINO DE ORO

Nada más oír el grito que anunciaba el avistamiento de tierra, todos los tripulantes, incluso aquellos que aún se recuperaban de las heridas y el cansancio, corrieron a sus puestos. Agarrándose con firmeza a los cabos, Jasón sorteó el mástil, se deslizó ágilmente entre los remos y miró a estribor para comprobar que Linceo, el de la larga vista, no se había equivocado. Llevó la palma de su mano a la altura de las cejas para evitar que el radiante sol le cegara y comprobó que en el horizonte se empezaban a dibujar los primeros indicios de la Cólquide: las grandes cumbres cubiertas de refulgente nieve marcaban el confín de aquel mar negro llamado Ponto Euxino. Jasón comenzó a dar órdenes a su tripulación.

—¡Argonautas! —gritó mientras corría hacia uno de los timones—. Izad ahora la vela hasta que veamos la desembocadura del Fasis. Después la arriaremos para que los soldados de Eetes no perciban nuestra llegada, tomaremos los remos y remontaremos el río hasta la ciudad de Ea.

Tras comprobar que su tripulación seguía sus órdenes, Jasón dejó el timón en manos de Anceo y le indicó que corrigiera el rumbo del *Argo* a estribor mientras él se dirigía a la proa. Como había hecho durante todo el viaje antes de enfrentarse a un peligro, quería agradecerle a Hera su protección. Jasón miró una vez más el enorme acrostolio con los rasgos de la diosa que Argos, el ingenioso constructor de aquella nave prodigiosa, había tallado en madera traída del oráculo de Dodona y colocado en el extremo de la embarcación para que el héroe pudiera dirigirse a su benefactora.

—Dadivosa Hera, tú que nos has permitido navegar a salvo hasta aquí, protégenos también ahora que afrontaremos la parte más peligrosa de nuestra singladura —expresó Jasón ante la figura que representaba a la esposa de Zeus en la proa del *Argo*—, sólo con la gracia de

tu voluntad conseguiremos llegar sin ser vistos, hacernos con el vellocino de oro y regresar victoriosos al reino de Yolco para recuperar el trono que por herencia me pertenece.

En respuesta a su plegaria, el acrostolio con la efigie de la diosa pareció iluminarse con un ligero resplandor que sólo Jasón fue capaz de percibir, y al instante la nave se vio rodeada de una intensa niebla que los protegería hasta atracar en la Cólquide. Hera, a quien todos los mortales tenían por la diosa más vengativa del Olimpo, apreciaba a Jasón después de que éste, con apenas veinte años, le hubiera demostrado que era un hombre noble. Para ponerlo a prueba, la esposa de Zeus se había encarnado en anciana y forzado su encuentro en la orilla de un río cuando aquél se dirigía a Yolco. Sin dudarlo, Jasón la tomó en brazos para cruzarla al otro lado, pero, luchando con la corriente, perdió una sandalia.

—No te preocupes, joven Jasón —le dijo la diosa fingiendo una voz avejentada—, pues descalzo de un solo pie debes presentarte ante tu tío Pelias, quien ya está advertido de tu llegada. Una vez allí, proponle conseguir para él la piel mágica de Crisómalo, el carnero alado hijo de Poseidón y Teófane, que todos llaman vellocino de oro.

Sorprendido por que aquella anciana conociera su nombre y su estirpe, Jasón obedeció y, sin desatarse la otra sandalia, se presentó ante Pelias, el rey de Yolco, mientras se celebraba un rito en honor de Poseidón. El joven forastero llamaba la atención entre la muchedumbre, pues vestía con cueros de animales, cubría su espalda con una piel de pantera y portaba una extraña lanza. Nada más verlo en mitad del ágora, los nervios mordieron el estómago de Pelias, pues había sido prevenido por el oráculo de Delfos de que un hombre con una sola sandalia pondría en peligro su trono. Al terminar el sacrificio al dios de los mares, el rey apartó a la multitud y se acercó sin dejar de mirar el pie descalzo.

—¿Cuál es tu nombre y de dónde vienes, forastero? —le preguntó sin sospechar siquiera que estaba delante de su sobrino.

—Me llamo Jasón y vengo de Tesalia, dispuesto a quedarme en tu reino —contestó el joven, sin querer precisar que en realidad había crecido en el monte Pilio, cuidado por el centauro Quirón.

Pelias le escudriñó de arriba abajo, recordando la profecía del oráculo de Delfos, y dudó de si aquel joven orgulloso que hablaba sin grandes muestras de respeto y vestía con ropas extravagantes constituía una verdadera amenaza. Y si así fuera, pensó, ¿será consciente este impetuoso muchacho del destino que le reservan los dioses? Queriendo ponerle a prueba, el rey le preguntó:

—¿Y qué haría un extranjero como tú si se encontrase cara a cara con el responsable de su desgracia?

—Lo enviaría lejos —contestó Jasón sin dudarlo—, a cumplir una misión de la que supiera que jamás regresaría victorioso...

—Interesante... ¿Y cuál crees que sería esa empresa imposible de lograr sin perder la vida en el intento?

—Sin lugar a dudas, conseguir el vellocino de oro que custodia el rey Eetes en su reino de la Cólquide.

Pelias sonrió al creer haber hallado la forma de burlar la profecía.

—Pues para ser súbdito de este reino, como intuyo que es tu deseo, tendrás que cumplir antes esa misión.

Y así es como el rey, siguiendo el consejo de su propio enemigo, le ordenó que reuniera a cuantos hombres pudiera encontrar, construyera una nave capaz de llegar más allá de los confines de Grecia y partiera en busca del vellocino de oro.

*

—Salid y apresadlos tal como dice Medea —ordenó Eetes a sus soldados—, pues en el espesor de esa niebla blanca como el plumaje de un cisne ha visto que los extranjeros llegarán navegando río arriba.

El rey tenía plena confianza en las visiones de su hija, pues ésta había aprendido el arte de la hechicería de Circe, la maga hija de Helios que tenía la habilidad de convertir a sus enemigos en animales. Medea se había consagrado como sacerdotisa a Hécate, y diestra en interpretar las revelaciones de la diosa de las almas, había sospechado enseguida de aquella niebla que se cernía sobre Ea. Siguiendo las artes reveladas por su tía Circe, había corrido a pincharse la yema del índice con una de las fíbulas de su vestido para verter una gota de su sangre en un plato con agua. En las ondas provocadas sobre la superficie había visto a la nave *Argo* remontando el río Fasis.

Tal como había predicho la hechicera, Jasón y los argonautas remaron en contra de la corriente hasta desembarcar en el muelle de Ea. Una vez allí, la niebla provocada por Hera se fue disipando y Jasón ordenó a Peleo que se encargara de cuidar la nave mientras él, acompañado de otros cuatro hombres a los que obligó a cubrir sus cabezas con un manto, se adentraba por las serpenteantes calles de la capital de los colcos. El héroe se dejó guiar por los cuatro para llegar a la acrópolis, donde se hallaba el palacio de Eetes, pero a mitad de camino, los soldados del rey les dieron el alto, los detuvieron y los llevaron a la presencia del monarca.

Eetes los esperaba sentado en un trono tallado en piedra, junto a su hijo Apsirto, y tras éste, sus dos hijas, Calcíope y Medea. El rey estaba dispuesto a castigarlos por haber llegado a su reino ocultándose como saqueadores, pero antes de imponerles una pena adecuada quería darles la oportunidad de explicarse. En cuanto tuvo delante a Jasón y a los cuatro argonautas que escondían sus cabezas bajo un manto, ordenó a éstos que se descubrieran. Y entonces a Calcíope le dio un vuelco el corazón. Emocionada, corrió hacia ellos, al descubrir que eran Cisitoro, Argos, Frontis y Melanión.

—¡Hijos míos! —gritó mientras los besaba y abrazaba—. ¡Estáis vivos!

Atónito por la presencia de sus nietos, a quienes daba por fallecidos, Eetes miró a Jasón, quien antes de que éste se lo autorizara tomó la palabra.

—Eetes, rey de la Cólquide, me llamo Jasón y soy hijo de Esón y Alcímede. Traemos de vuelta a los hijos de Calcíope y Frixo, a quienes su padre envió, antes de morir, a reclamar los bienes de su abuelo Atamante, que legítimamente les correspondían por herencia, a la polis de Orcómeno. Has de saber que no lograron su empresa, pues una tormenta los hizo naufragar, mas la diosa Hera me desvió de mi camino para hallarlos agarrados a los restos de su nave en mitad del océano, aún vivos, aunque a punto de desfallecer.

Tras abrazar a su madre, los hijos de Calcíope confirmaron la versión de Jasón y le pidieron a su abuelo que fuera hospitalario con él y los argonautas, pues les habían salvado la vida. Pero la suspicaz Medea, que no había dejado de mirar al héroe desde su llegada, se acercó a Eetes y le susurró algo en voz baja.

—No os preocupéis, pues no castigaré a quienes os han devuelto ante mis ojos y traído de regreso la alegría a vuestra madre; ahora marchad a que os den comida y agua, y a vestiros como corresponde a vuestra dignidad —dijo despidiendo a sus nietos y a Calcíope antes de dirigirse al argonauta—. Y ahora dime, Jasón, ¿hacia dónde viajabas y con qué finalidad?

El joven argonauta tragó saliva antes de responder, mientras se apresuraba a elegir adecuadamente sus palabras.

—No es mi deseo engañarte, pues el motivo de este viaje hasta vuestra tierra no es otro que cumplir el encargo de Pelias, rey de Yolco. Durante meses hemos navegado protegidos por Hera, enfrentándonos a todos los peligros que acechan las aguas que bañan las costas de Grecia. Los vientos nos han ayudado a escapar vivos de las mujeres de la isla de Lemnos, conocidas por dar muerte a sus amantes, y a derrotar a las harpías que robaban la comida de Fineo, el ciego que tiene el don de la providencia. Él mismo, ya libre de su suplicio, nos reveló cómo cruzar el estrecho de las Simplégades, soltando una paloma para engañar a las Rocas Cianeas y que no se juntaran de golpe y nos aplastaran al pasar entre ellas.

—No dudo de tu arrojo ni del valor de tus hombres. Tampoco del favor que pareces gozar por parte de los dioses —le interrumpió el rey, impaciente por confirmar las sospechas de la desconfiada Medea—. Pero dime, joven héroe, ¿en qué consistía ese encargo de Pelias?

Jasón tomó aire de nuevo y esperó un instante antes de contestar.

—Debo llevarle el vellocino de oro que custodias en tu reino.

El silencio se hizo en la sala, mientras la tensión crecía en el rostro de Eetes, que no tardó en levantarse de su trono mientras Medea y Apsirto se miraban con preocupación. Tras dar varios pasos hacia ninguna parte, mesándose con preocupación la barba, por fin se encaminó hacia Jasón levantando el puño y apretando los dientes.

—¡Tu insolencia merece que te atraviese con una lanza y arroje tus despojos a los cerdos! ¡Entrar como un bandido en este reino y ahora escupirme a la cara que pretendes llevarte el que es su gran tesoro!... ¡Has de saber que únicamente el hecho de que hayas salvado a mis nietos te libra de la muerte! —le dijo situando su cara tan cerca de la de Jasón que éste pudo sentir su aliento—. Tu desfachatez no es propia de un héroe, pero ya que te consideras tan noble como para hablarme así, júrame por la gracia de Hera que en tus intenciones no está saquear todo mi reino ni usurpar mi trono.

—Jamás te mentiría, admirado Eetes, pues nunca trataría de hacerme con un reino que no me pertenece legítimamente y cuyo mandatario goza del respeto de sus habitantes —se apresuró a responder Jasón—. Te juro por Hera que sólo deseo el vellocino, y que incluso estoy dispuesto a pagar por ello.

—¡Ni con todas las riquezas del mundo podrías pagar lo que vale la lana de oro de ese cordero mágico! —gritó Eetes, harto de tantas impertinencias.

—No son bienes materiales lo que te ofrezco a cambio, sino la fuerza y la valentía de mis hombres, poderosos luchadores que se enfrentarán al enemigo que tú nos señales.

Sorprendido por el ofrecimiento, Eetes volvió a sentarse para oír la opinión de su hijo. El heredero al trono de la Cólquide creyó dar con una solución.

—Padre, éstos hombres han salido indemnes de hazañas que juzgábamos imposibles. Y si nos negamos a su propuesta, robarán nuestro patrimonio más preciado y no tendrán reparo en

MITOS Y LEYENDAS DE LA ANTIGUA GRECIA

destruir nuestro reino y aniquilar a cuantos se interpongan en su camino. Pero tal vez podríamos enviarlos a una prueba de la que jamás saldrán vivos —le persuadió en voz baja Apsirto.

Eetes sopesó la idea de su hijo y, como aún no estaba convencido de que el plan surtiera el efecto deseado, preguntó a la intuitiva Medea, que había presenciado toda la escena. Caminando suavemente mientras su largo peplo se balanceaba sobre su cuerpo, la hechicera se acercó a Jasón para intentar percibir algún indicio de lo que les deparará el futuro. Dio unos pasos rodeándolo, observando el mentón dividido en dos del héroe, los rizos oscuros que se enroscaban en su nuca, la piel curtida por meses en el mar. Acercándose aún más, notó el olor a salitre que desprendía su cuerpo y el atractivo magnetismo que emanaban sus facciones, tan perfectas como las de una estatua de bronce. Entonces, los ojos de Medea se nublaron de golpe y antes de caer desplomada en los brazos del joven notó que una flecha luminosa le atravesaba el corazón. Jasón la sostuvo mientras Eetes y Apsirto se acercaban, preocupados.

—Padre —dijo Medea volviendo en sí—, encárgale lo que desees, pues tanto él como sus hombres están destinados a morir en estas tierras. Y yo debo estar presente cuando esto ocurra para que la maldición no caiga sobre nosotros.

*

La llanura de Ares se extendía a las afueras de Ea, ocupando un oscuro valle entre dos montañas. Tal como había indicado Eetes, en aquel siniestro lugar donde las nubes quedaban atrapadas pacían dos toros que Jasón y los argonautas debían uncir a un yugo y a un tiro de metal forjado por Hefesto. Después tendrían que arar la tierra para que Eetes pudiera sembrar unos dientes sagrados de dragón que Atenea le había mandado custodiar. De esas funestas semillas crecerían esqueletos con los que los argonautas tendrían que luchar a muerte y, si salían victoriosos, el rey les dejaría llevarse el vellocino de oro. Sólo Jasón y los suyos confiaban en poder llevar a cabo tal hazaña.

Al día siguiente a su llegada a la Cólquide, los soldados de Eetes condujeron a los argonautas, a Medea y al rey, engalanado con una brillante coraza, hasta el principio del valle. Y mientras permanecían en un lugar resguardado junto a Eetes y su hija, conminaron a Jasón y a los suyos a que bajaran hasta la llanura donde pastaban los toros. Sin quitar ojo a aquellas dos bestias que veía a lo lejos, Jasón emprendió el descenso, seguido por sus hombres. Por el camino, una frase resonaba en su cabeza:

—Usa este ungüento y no bajes el escudo...

La noche anterior, Medea, envuelta en una túnica negra y portando un candil de aceite, había irrumpido en el establo donde Jasón y sus hombres estaban durmiendo, y lo había despertado con delicadeza. Tras llevarlo a otra habitación alejada de sus hombres, la hechicera había sacado de debajo de su vestido un balsamario y se lo había entregado con esas palabras. Y aunque Jasón había sostenido con sumo cuidado la botella que Medea depositaba en sus manos, impidió que se fuera sin que le diera una explicación.

—No me lo untaré si te marchas ahora... —dijo sujetándola del brazo cuando ésta se dio la vuelta.

—Escúchame bien, Jasón, pues mi padre no te lo ha contado todo —suplicó Medea conduciéndolo hasta la puerta para comprobar que no había soldados cerca—. Los toros de Ares no sólo tienen los cuernos y las patas de bronce, sino que sus fauces escupen fuego y te reducirán a carbón en cuanto exhalen su aliento sobre ti. Pero este ungüento que he preparado protegerá tu piel de sus llamaradas.

—¿Y por qué debería confiar en tus palabras? Al fin y al cabo, eres la hija del rey... —dijo Jasón mientras le soltaba el brazo y le devolvía el balsamario.

Medea no quiso revelar el motivo, porque sólo ella había visto y sentido el dardo con que Eros, por orden de Afrodita y a petición de Hera, había saeteado su corazón para insuflar en ella el amor por Jasón.

—Créeme cuando te digo que nada me haría más desgraciada que ver cómo mueres por el engaño de mi padre, quien sólo ha accedido a tu petición porque cree que no saldréis victoriosos. Has de saber que mentí para protegerte a ti y a los tuyos, fingiendo que me desmayaba, cuando en realidad nada veía.

Jasón no estaba seguro de creer las palabras de la hechicera. Pero entonces la joven se untó ella misma en su brazo el aceite que contenía la botella y, acercándolo a la llama del candil, lo mantuvo sobre ésta largo tiempo.

—¿Lo ves? Mi piel no se quema, como tampoco se quemará la tuya. Y si bebéis esta otra pócima —dijo sacando otra botella—, tú y los tuyos tendréis una fuerza tan descomunal que os permitirá vencer a los esqueletos que surgirán de la tierra.

Jasón seguía sin confiar en ella. Pero entonces Medea buscó su mirada, untó dos dedos en aquel aceite viscoso y comenzó a embadurnar suavemente el brazo del héroe, que no opuso resistencia. Suaves y cálidas, las manos de la hechicera recorrieron poco a poco toda su piel. Primero el cuello y los hombros, después la espalda, el pecho y los muslos, hasta que las lúbricas caricias terminaron por soltar los amarres del quitón. La tela se deslizó entonces por las piernas del joven y cayó al suelo. Y así, desnudo y henchido frente a Medea, Jasón esperó a que le cubriera totalmente de aceite antes de dejarse arrastrar por el deseo.

Nada más llegar a la pradera de Ares, con aquel ungüento mágico sobre la piel, Jasón dijo a sus hombres que sólo él se enfrentaría a los dos toros. Eufemo y Anceo trataron de disuadirle, pero el héroe se mostró implacable y les ordenó que se quedaran detrás y que sólo intervinieran una vez que él hubiera domado a las dos bestias.

Conforme Jasón, armado con una afilada espada y un escudo, se fue acercando a los toros, que pastaban ajenos a su presencia, se dio cuenta de que tenían un tamaño superior al de las reses normales, y que sus hocicos, con dos protuberantes orificios nasales, se asemejaban a los de una serpiente. En cuanto lo vieron, los toros mugieron lanzando terribles llamaradas, que el héroe repelió con su escudo mientras sostenía en alto la espada. Aun así, sintió cómo el calor del fuego golpeaba su piel, protegida por el aceite de Medea. Asomándose tras el escudo, Jasón vio los afilados cuernos de metal de los toros, que reflejaban la luz como carbones encendidos, pero no retrocedió. Las dos bestias escarbaron entonces el suelo con sus pezuñas de bronce y se prepararon para embestir.

El primer toro cargó con brío contra Jasón, pero éste logró saltar a un lado y el animal pasó de largo sin poder frenar su carrera. Acto seguido, el segundo toro lanzó una llamarada que prendió en el quitón del joven, pues éste no había reparado en que también debía proteger su ropa con el ungüento. Sintiendo el olor a tela chamuscada, Jasón rodó por el suelo para apagar las llamas y de pronto se vio justo en mitad de la pradera, con un toro a cada lado. Consciente de que no tenía escapatoria, desafió a ambos, mirando al primero a los ojos, y mostrándole al segundo los dientes, apretados como si él mismo fuera también una bestia. Tras volver la cabeza a derecha e izquierda, plantó con firmeza sus pies en el suelo y apretó sus músculos, quedándose tan inmóvil que incluso Anceo, creyendo que iba a inmolarse, quiso socorrerlo. Pero antes de que el argonauta tomara partido, desde sendos flancos, los dos toros comenzaron a acelerar hacia Jasón, y cuando ya bajaban sus testas para cornearle con sus pitones, éste se lanzó a un lado, dejando que las dos bestias chocaran de frente.

Los vítores de los argonautas resonaron por todo el valle cuando los dos toros, noqueados por la fuerza de sus cornamentas de bronce, cayeron derrengados en el suelo. Desde la distancia, Eetes maldijo a Jasón mientras Medea suspiraba dando gracias a Hécate por escuchar sus plegarias. En ese instante, mientras se levantaba del suelo, Jasón llamó a sus compañeros para que acercaran el yugo de Hefesto, uncieran a los toros y con ellos araran por fin aquella inmensa pradera.

Una vez que estuvo toda la tierra abierta en surcos, Eetes caminó por ella con su brillante coraza y, tras desatar un pequeño hatillo que escondía en su mano, comenzó a esparcir puñados de colmillos de dragón, que se clavaron como garras en los terrones. Y entonces, cuando los hubo sembrado todos, un pequeño temblor comenzó a sacudir el campo. De aquellos dientes plantados como semillas fueron surgiendo montones de osamentas que, poco a poco, se fueron desplegando: entre los amasijos enroscados como conchas de caracol fueron distinguiéndose las costillas y las vértebras; después, como si fueran hojas nuevas desplegándose de una vaina, surgieron los cráneos; y tras ellos, los brazos, que se balancearon en los lados de aquellos esqueletos cuyas rodillas se enderezaban hasta quedar completamente erguidos.

Jasón y sus argonautas se fueron pasando uno a uno la pócima que les había porporcionado Medea, y después de dar un sorbo, asieron sus escudos y espadas. Observaron asqueados a los esqueletos, que los miraban con sus perversas sonrisas, presagio de la muerte que les habría aguardado de no haber sido porque, de repente, sintieron que un poderoso vigor ardía por sus venas.

Los dos bandos permanecieron en sus posiciones durante segundos que se hicieron eternos, hasta que el primero de aquellos esqueletos plantados en la tierra logró zafarse de sus raíces y comenzó a correr hacia los argonautas. En un abrir y cerrar de ojos, el resto de osamentas le siguieron mientras Jasón y sus hombres cargaban contra ellas.

La lucha fue encarnizada. Las osamentas golpeaban a los argonautas con sus puños desnudos, que dolían mucho más por no estar recubiertos de piel y carne. Querían estrangularlos con la fuerza de sus falanges o incluso morderlos con sus poderosas mandíbulas, que se apretaban como cepos en la carne. Como pronto comprobaron los argonautas, los esqueletos eran más ágiles de lo que habían previsto, y la cortante hoja de las espadas no podía contra ellos, pues no hallaba carne que rasgar y las espadas se hundían una y otra vez entre las costillas sin provocarles heridas.

Eufemo comenzó entonces a golpearlos con sus puños, mientras que Idas hizo lo mismo usando su arco, que se incrustaba entre las vértebras de los que se cruzaban en su camino. Peleo, que era diestro en el uso del hacha, la usó para segar cuantos cráneos se pusieron a su alcance y proteger a Anceo, que saltaba sobre los caídos quebrándoles las articulaciones. Animado al ver que sus compañeros reaccionaban, Jasón agarró una lanza y, corriendo hacia tres esqueletos situados en fila, los ensartó por las costillas y los arrastró hasta clavarlos en el tronco de un árbol, donde los remataron. A continuación, el héroe arrojó una piedra en medio de las osamentas que quedaban, levantando una gran polvareda, y aquellos seres sin raciocinio comenzaron a golpearse entre ellos, cegados por el polvo y sin entender qué estaba sucediendo.

Cuando el último de los esqueletos quedó reducido a un amasijo de huesos rotos y desordenados, Eetes maldijo de nuevo a Jasón y levantó la mano para ordenar a sus soldados que lucharan contra los argonautas. Pero Medea, que permanecía a su lado con gesto serio intentando disimular su alivio, le detuvo agarrándolo del brazo.

—Padre, no riegues este campo con la sangre de los nuestros, pues Jasón y los suyos han demostrado que son capaces de vencer hasta a los seres más atroces.

—¡Tú y tus visiones! ¿Por qué debería hacerte caso cuando no se ha cumplido lo que antes predijiste? —le gritó Eetes apartándola, hecho una furia, hasta hacerla caer al suelo—. ¿De dónde han sacado esa fuerza si no es de tus artes, traidora?

—¡Bien harías en escuchar a tu hija! —les interrumpió Jasón, quien se había apresurado a llegar hasta ellos—, pues te evitará la vergüenza de ver cómo aniquilamos a todo tu ejército, dejando tu reino desprotegido.

—Y bien habrás de saber tú, insensato, que no pienso cumplir nuestro acuerdo —contestó el rey—, pues sin duda no habéis vencido sólo gracias a vuestra fuerza: ¡la magia os ha ayudado a derrotar a esos seres, y eso invalida nuestro trato! ¡El vellocino permanecerá en la Cólquide para siempre! ¡Así que sal de estas tierras con tus hombres y no volváis jamás! —sentenció, dándole la espalda al héroe y a su hija mientras ordenaba a sus soldados que se retiraran.

*

Medea le señaló el lugar, y un brillo cegador obligó a Jasón a apartar los ojos cuando alcanzaron el Lecho del Carnero, el lugar donde Frixo había sacrificado al alado Crisómalo en honor de Ares. La piel de cordero se encontraba colgada en la rama de una encina, y al intentar mirarla directamente, el héroe no supo si aquella lana dorada reflejaba los rayos del sol o emanaba su propia luz. A pesar de que apenas veía, Jasón quiso correr de inmediato para hacerse con el ansiado vellocino de oro, pero Medea lo agarró de la mano.

—Aún no —le susurró mientras tiraba de él con fuerza.

Jasón no entendía por qué la hechicera le había conducido hasta allí para robar la piel y ahora se lo impedía, pero cuando sus ojos se recuperaron supo que la joven le había salvado la vida:

a los pies del árbol, una enorme serpiente de lengua sibilante y venenosos colmillos custodiaba el vellocino para que nadie se acercara. Nada más verlos, el reptil se enroscó sobre el tronco de la encina y exhibió sus fauces, que exhalaron un fétido aliento que llegó hasta donde los dos jóvenes se encontraban. Jasón tomó su espada, tensó sus músculos y se dispuso a enfrentarse a ella, pero de nuevo Medea se interpuso.

—¡Atrás! —le dijo cerrándole el camino—, pues no es la fuerza lo que puede derrotarla, sino la magia. Guarda tu arma y no temas, pues Hécate me protege.

Medea sacó entonces un aríbalo, un vaso circular en el que había vertido una pócima, y aunque Jasón quiso impedírselo, se fue acercando al ofidio lentamente mientras en un lenguaje desconocido por el héroe invocaba a la diosa de las almas. La serpiente se enroscó aún más en la encina con su musculoso cuerpo y sacó su lengua dividida en dos hasta mostrar las vesículas cargadas de veneno que ocultaba en sus encías. Pero Medea no se apartó. Aferrándose al aríbalo, introdujo un hisopo en él y con sumo cuidado esparció unas gotas de la pócima sobre la escamosa piel del reptil. La serpiente abrió aún más sus fauces, y Jasón, creyendo que se preparaba para morder, se apresuró a acercarse con su espada. Pero Medea, que no había retrocedido ni un solo paso, le ordenó de nuevo que no lo hiciera. Para sorpresa del héroe, la serpiente no sólo no la atacó, sino que comenzó a lamer con su veloz lengua las gotas caídas al suelo. La hechicera siguió mojando el hisopo y esparciendo la poción hasta que el ofidio se desenredó por completo de la encina y acercó su cabeza a sus manos. Tan sorprendido como horrorizado, Jasón observó que la lengua del monstruo acariciaba la piel de la hechicera, mojada en aquella extraña sustancia. En ese instante Medea comenzó a caminar hacia atrás, vertiendo el viscoso líquido directamente sobre el suelo mientras la serpiente, con su abultado vientre sobre la tierra, la seguía, lamiendo el reguero hasta caer en un profundo sueño.

Cuando el monstruo se hubo dormido por completo, el vellocino de oro dejó de brillar, y Jasón trepó a las ramas hasta agarrarlo. Con la piel dorada sobre sus hombros, el héroe bajó al suelo de un salto y se fundió con Medea en un abrazo.

—Prométeme que me llevarás contigo y no me abandonarás jamás, pues al permitirte robar el vellocino he traicionado a mi padre y a mi pueblo, y mi vida corre peligro en este reino.

Jasón le juró entonces que la tomaría por esposa y la llevaría con él a Yolco. Y tras besarla de nuevo, los dos corrieron colina abajo hacia el río donde estaba atracado el *Argo* dispuesto a zarpar. Nada más subir ambos a la nave, los argonautas lanzaron gritos de júbilo, levantaron a Jasón sobre sus hombros y lo acercaron hasta la proa, donde reinaba la efigie de Hera. Alzado por sus compañeros, el héroe elevó el vellocino de oro en agradecimiento a la diosa y, de repente, el viento comenzó a soplar la vela. En medio de la algarabía, Jasón ordenó que levaran las anclas, agarró uno de los timones y gritó:

—¡Argonautas, volvamos a nuestra tierra y entremos en Yolco victoriosos con el vellocino de oro, pues hemos cumplido nuestra misión!

Cuando el *Argo* llegó a mar abierto, Medea observó las olas que mordían la quilla y en su blanca espuma vislumbró los peligros por los que aún tendrían que pasar. Durante el viaje de regreso, habrían de enfrentarse a la persecución de los hombres de Eetes y a la furia de las tempestades. Sobrevivirían a los seductores cantos con que las sirenas llamaban a los marineros para conducirlos a la muerte. Vencerían los ataques de Talos, el gigante de bronce que protegía Creta, y de Escila, la ninfa de seis cabezas. Y saldrían victoriosos de su paso por Caribdis, el temible remolino. Medea se apresuró a contarle su visión a su amado, pero, lejos de preocuparse, Jasón la alzó en brazos y comenzó a reír, porque el héroe sabía que, junto con los argonautas, con el favor de Hera y de la mano de aquella hechicera con la que iba a casarse, nada ni nadie podría detenerlo.

El caballo

de

Troya

Su plumaje era blanco como la espuma del mar, y sus alas refulgían bajo el sol que inundaba las costas de la península de Anatolia. Calcante sabía que aquella paloma le daría la clave para vencer a los troyanos. La había estado observando largo tiempo, intrigado al verla escapar de un halcón que no dejaba de perseguirla sin darle tregua. Una y otra vez, la rapaz trataba de acercarse a la paloma, pero ésta lograba zafarse, saltando de árbol en árbol y realizando vuelos cortos, sin dar tiempo a su depredador a reaccionar con un ataque certero. Algo en el interior del adivino le impedía apartar la mirada de ese duelo que se debatía en el cielo, por encima de las cabezas de los aqueos, que descansaban acampados en un playa en las inmediaciones de la asediada Troya.

—¡Esa paloma es más lista que tú, vieja rapaz! —gritó el adivino mirando al halcón, que, desconcertado, buscaba sin éxito a su presa entre las ramas de un pino.

De repente, Calcante observó que la paloma volvía a escaparse y, tras un pequeño aleteo, replegaba sus alas y se escondía hasta desaparecer por completo en la grieta de una de las paredes de roca que se precipitaban sobre el mar. Para sorpresa del adivino, el halcón pareció desistir y, tras dar dos vuelos en círculo sobre las rocas, optó por alejarse. Pasados unos segundos, la paloma asomó la cabeza para cerciorarse de que no había peligro y, poco después, se atrevió a salir, extendiendo de nuevo sus blancas alas en un vuelo hacia la playa. Pero entonces, el halcón, que debía de haber permanecido escondido en algún lugar fuera del alcance de la vista de la paloma, cayó en picado del cielo con sus temibles garras y abatió a su presa en pleno vuelo. El adivino observó cómo la rapaz se llevaba a su víctima a un saliente de las rocas y allí, hundiendo su hambriento pico entre el plumaje, daba buena cuenta de ella.

Como si la solución hubiera aparecido ante él, Calcante corrió de inmediato a la playa para avisar a sus compañeros.

—¡Odiseo, Odiseo! —gritó nada más ver al héroe mientras agitaba los brazos como un poseso—. ¡Lo tengo! ¡Sé cómo vencer a los troyanos!

El caudillo aqueo, que en aquel momento se afanaba en reparar junto con otros compañeros de batalla los escudos que habían utilizado recientemente para atacar Troya, pensó que un exceso de sol había hecho mella en el adivino.

—¡Cálmate, apreciado Calcante! ¡Recupera el aliento y cuéntanos cómo acabar de una vez por todas con esta guerra! —dijo con ironía.

—Permítele que hable ya, Odiseo —replicó Menelao—. Nueve años de guerra contra los troyanos son más que suficientes para que el viejo haya tenido una idea.

El comentario hizo que todos los aqueos comenzaran a reír mientras Calcante, agitado tras la intensa carrera, intentaba calmar su resuello.

—Mal hacéis en burlaros de mí, compañeros, pues una paloma y un halcón acaban de mostrarme la forma de franquear las murallas de Troya y acceder a la ciudad.

—¿Un par de aves te han mostrado cómo derribar esas murallas de altura imposible, que en todos nuestros ataques apenas hemos conseguido arañar? —dijo Odiseo poniéndole la mano en el hombro a Calcante, que a duras penas se sostenía sobre sus rodillas—. ¿No pretenderás que entremos allí volando? Porque los dioses aún no nos han dado esa capacidad.

De nuevo, las risas estallaron entre los aqueos, pero Calcante no estaba dispuesto a que continuaran las mofas.

—Volando no, lo haremos en un caballo o, mejor dicho, ¡dentro de uno! —dijo Calcante alzando las cejas y con una amplia sonrisa que dejó en evidencia los dientes perdidos tras la batalla—. Nos hemos equivocado al luchar haciendo uso sólo de la fuerza, pues al igual que el halcón ha vencido a la paloma engañándola, nosotros podemos hacer lo mismo con los troyanos.

Al instante todos dejaron de reír. Odiseo torció su cabeza y entornó los ojos. Acto seguido, señaló con su dedo índice a Calcante y abrazó a su amigo con fuerza. Sabía que cuando el adivino sonreía es que había dado con la argucia que les conduciría a la victoria.

*

En aquel momento había transcurrido casi una década desde que el príncipe troyano Paris había secuestrado a Helena de Esparta, dando origen a la guerra de Troya. La diosa Afrodita había prometido a Paris el amor de la hija de Zeus y Leda como premio a que éste, en un memorable juicio celebrado junto a Hera y Atenea, hubiera elegido a la diosa del amor como la más bella de las tres.

Pero los espartanos no estaban dispuestos a que su reina se fuera con él, por lo que el heredero del trono de Troya decidió raptarla. Para rescatar a Helena, cuya belleza era envidiada en toda Grecia, los espartanos convencieron a otros pueblos aqueos para formar una alianza que los llevaría a atacar hasta la extenuación el reino de Troya.

En todo aquel tiempo, nadie, ni siquiera Aquiles, que había muerto en combate, había podido franquear las murallas de Troya y penetrar en la ciudad para rescatar a Helena. Incluso después de que Paris falleciera abatido por una flecha, Troya seguía invicta, y, rendida a sus secuestradores, Helena se había casado con Deífobo, hijo del rey Príamo. De nada había servido cumplir los mandatos de los oráculos, que habían determinado que los aqueos lo conseguirían si eran capaces de cumplir tres condiciones: combatir junto al joven Neoptólemo, que tomaría las armas de su padre, Aquiles; robar el Paladio, una antigua estatua de madera que representaba a Atenea y que los troyanos custodiaban para proteger su reino, y que los aqueos fueran armados con las flechas de Heracles, en poder de Filoctetes, abandonado en la isla de Lemnos por el ejército aqueo. Los dioses habían intervenido, poniéndose de un lado u otro de los combatientes, y habían evitado así que, a pesar de que los aqueos habían culminado con éxito los tres trabajos, las profecías se cumplieran.

Sin embargo, la idea que había tenido Calcante podía dar buenos resultados y hacer caer la ciudad, por lo que Odiseo llamó a Epeo, el mejor carpintero de la Fócide. Cuando éste se presentó en la playa en la que Odiseo y sus hombres estaban acampados, el caudillo nacido en Ítaca salió a su encuentro y lo abrazó con efusión, pues ambos habían luchado juntos en varias batallas.

—Epeo, aquel que con sus invencibles puños fue capaz de derrotar a Euríalo —lo saludó—, no son tus habilidades como púgil las que requiero esta vez, sino la destreza artesana de tus manos, cuyo talento se alaba en toda la Fócide. Necesito que utilices tu ingenio, del que ya buena muestra has dado construyendo las treinta embarcaciones con las que has llegado a Troya, para que crees un ingenioso artilugio con el que entraremos en la ciudad sin derramar una gota de sangre.

Epeo levantó las cejas sorprendido, mientras Odiseo le ponía la mano sobre el hombro y lo invitaba a pasear por la orilla.

—Tú dirás, amado Odiseo, pero me temo que ya hay demasiada sangre vertida en esta guerra que dura años, y poco puedo hacer yo para ayudarte a derribar esas murallas que construyeron Poseidón y Apolo a petición del rey Laomedonte. ¿Qué puede hacer un mortal contra esa gigantesca mole de piedras y adobe, flanqueada por bastiones desde los que vigilan y defienden los arqueros?

—Nadie ha hablado de derribarlas, compañero, pues ni con toda la fuerza de mis hombres lograríamos mover ni una sola de las piedras con las que los dioses las erigieron —aclaró Odiseo—. Simplemente, te necesito para que nos abran las puertas y nos dejen entrar libremente en Troya.

Epeo lo miró con escepticismo, sin saber si el caudillo bromeaba. Pero ante su cara de incredulidad, Odiseo pidió que le trajeran una lanza y, una vez que la tuvo, comenzó a dibujar con ella sobre la arena húmeda. Poco a poco, el plano de Troya, con su planta poligonal, sus dos rampas de piedra y sus cuatro torres cuadradas en los ángulos, fue tomando forma. Una vez trazado el perímetro, Odiseo miró la posición del sol y, calculando dónde se hallaban el oriente y el occidente, dibujó la puerta más grande en el extremo suroeste.

—Por aquí, tras cruzar los pórticos de columnas, se accede al palacio real, el megaron. Y por aquí debemos entrar. —Acto seguido, y sin dejar que la impaciencia de Epeo creciera, dibujó la silueta de dos caballos, cada uno mirando en una dirección—. Imagínate que son los dos lados de un mismo animal que construirás en madera y que debe tener al menos treinta pies de altura y los que tú juzgues necesarios de ancho para que goce de buenas proporciones. —El constructor comenzó entonces a interesarse por aquella propuesta que iba tomando sentido: en la grupa del primer equino trazado sobre la arena, Odiseo trazó un rectángulo—. Aquí, en el lado derecho, irá una minúscula portezuela, pero suficiente para que quepan nuestros hombres, que se esconderán en el interior.

—¿Cuántos hombres? —preguntó Epeo, intrigado.

—Al menos treinta —contestó Odiseo antes de continuar—. Dentro tendrás que instalar estructuras para dormir, para almacenar armas, agua y comida. Y el caballo deber ir sobre una estructura con ruedas que permita moverlo. En el costado izquierdo pondremos una inscripción con un tributo a Atenea, a la que agradeceremos que nos guíe sanos y salvos de regreso a nuestra tierra.

—¡Pretendes entonces que nos rindamos! —exclamó Epeo, alarmado.

—No, compañero. ¡Solo pretendo que los troyanos crean que nos hemos rendido! —dijo el audaz Odiseo antes de que Epeo, asombrado, le devolviera la sonrisa.

*

Los miembros del Consejo de Troya no podían creer lo que veían. Acompañados por los centinelas que custodiaban las murallas de la ciudad, el rey Príamo, el viejo Timetes y el noble Capis acudieron a contemplar la extraña y monumental estatua aparecida en mitad de la noche en las afueras de Troya. Conforme se iban acercando a la estructura, su asombro fue en aumento, hasta tal punto que Timetes aceleró el paso apoyándose como pudo en su bastón. El sol, que aún ascendía tras las montañas, pronto le permitió observar con detalle aquella obra de ingeniería. Miles de tablones, como los usados en las embarcaciones, se superponían unos a otros hasta una altura de treinta pies, dando forma a un inmenso caballo tan hermoso e imponente que ni el mismísimo Ares hubiera rechazado montarlo. El lomo del animal de madera se curvaba como el casco invertido de un trirreme, y la cola estaba formada por inmensas trenzas de crin que caían hasta casi rozar el suelo. El cuello se alzaba hacia el cielo, dando paso a una cabeza labrada con todo detalle: la testuz, los carrillos y las facciones del caballo habían sido reproducidos con tal maestría que ni siquiera los pájaros se atreverían a posarse sobre ellos o a anidar en sus dos ollares, tan realistas que parecía que respiraban. Un entramado de tablas más blancas y dispuestas en vertical reproducía la quijada, imitando los dientes de un joven equino. Y bajo las poderosas patas, reforzadas gracias a la sabiduría de Epeo con anchos troncos macizos para que fueran capaces de soportar todo el peso de la estructura, los cascos estaban rematados por inmensas ruedas de carro.

—¿Qué es aquello de allí, en el lomo? —señaló Timetes con su bastón mientras aguzaba la vista.

—Es una inscripción, señor —contestó uno de los guardias—. Dice: «En su regreso a la patria, los aqueos dedican este caballo a Atenea», y lleva labrados los símbolos de la diosa, un mochuelo y una rama de olivo.

—Pero no puede ser... —dijo Capis, incrédulo.

—También hemos sabido que los aqueos que permanecían acampados en la costa prendieron esta noche fuego a sus tiendas y zarparon al amanecer, en dirección a Ténedos.

—Entonces, se han rendido... —dedujo el rey Príamo—. Y, por tanto, ¡hemos ganado la guerra!

Una mezcla de escepticismo y alegría se extendió entre todos los presentes, que aún no eran capaces de digerir una victoria tan inesperada. Mientras, Capis, que jamás habría confiado en que los aqueos se retiraran, daba pequeños golpes en las patas del caballo.

—Odiseo juró por los dioses que regresaría a Esparta con Helena, y un héroe siempre prefiere la gloria de morir en el campo que batalla antes que la vergüenza que supone rendirse sin pelear hasta el último aliento —dijo Capis ante el resto de los miembros del Consejo.

—Estoy de acuerdo contigo, pero esa inscripción del lomo... —dijo Timetes antes de chasquear la lengua—. No creo que Odiseo sea capaz de usar el nombre de Atenea para mentirnos, pues sólo hay algo menos digno que rendirse y no es otra cosa que desairar a los dioses.

—Bien haríamos en quemar este animal monstruoso, pues probablemente esté maldito. ¿Por qué motivo querrían los aqueos dejar constancia de su fracaso construyendo esta obra que ha debido de llevarles semanas de trabajo? —preguntó Capis.

Divididos, los miembros del Consejo decidieron llamar a los adivinos Laocoonte y Casandra, quienes acudieron hasta los pies del caballo para determinar qué hacer con él. Ambos coincidieron en su veredicto.

—Ese animal de madera no debe entrar en la ciudad —dijo Casandra poniendo los ojos en blanco—, pues en su vientre esconde la maldad. Parirá de noche a Odiseo y a sus hombres, y traerá el infortunio a nuestra tierra.

La profecía de Casandra avivó el malestar entre el Consejo. Pero cansado de que la adivina siempre profetizara hechos negativos, Timetes contrapuso su opinión.

—Ah, Casandra, siempre alertando de tragedias que no llegan a suceder jamás... ¿Cómo habrá de parir este artefacto de madera que ni siquiera tiene atributos de yegua? —dijo, mientras el resto del Consejo comenzaba a reír a carcajadas.

—Búrlate si quieres, pero éste es el caballo de la desgracia y será recordado en los tiempos venideros como un ejemplo de cómo aniquilar al enemigo desde sus propias entrañas —sentenció Casandra, airada.

Después de que Príamo ordenara a los guardias que se llevaran a la adivina de regreso al ágora, donde los troyanos siempre hacían oídos sordos a sus profecías, llamó a Laocoonte, que nada más acercarse al monumental artefacto se precipitó sobre él, golpeándolo.

—¡Qué despropósito es tan sólo considerar cualquier muestra de debilidad de los aqueos! Troyanos, ¿pensáis que el enemigo se ha ido? ¿Creéis que el invicto Odiseo nos haría un regalo sin trampa? Escuchad... —dijo pegando la oreja a las patas del caballo—. Dentro de esta madera, como si fuera carcoma, se oye respirar a los aqueos... ¡Prendámosle fuego de inmediato!

Un intenso murmullo se extendió por el Consejo, y Príamo ordenó a los guardias que hundieran sus lanzas en las patas del caballo y aguzaran sus oídos pegándolos a los agujeros practicados. Mas como nada oyeron y comprobaron que la estructura parecía maciza y nada podía haber en su interior, finalmente decidieron despedir a Laocoonte. Mientras el adivino se daba la vuelta, pareció tener una nueva visión en aquel mismo momento y sus ojos parecieron salirse de sus órbitas.

—¡Ingratos troyanos! —gritó el adivino mientras corría hacia Troya—. Habéis de saber que condenáis a vuestra gente, tal como yo he condenado a mi familia, pues en este instante veo que esta noche mis hijos serán devorados por dos serpientes enviadas por Poseidón, en castigo por advertiros del mal que os acecha. ¡Maldita sea mi buena fe, que recibe tan funesto pago!

Timetes y Capis se reunieron a deliberar con el rey Príamo y el resto del Consejo. El primero defendía que no había ningún peligro en aceptar lo que calificó como un regalo de paz de los aqueos, a quienes honraba el hecho de retirarse tras años de guerra, sabedores de que jamás vencerían. Sin embargo, Capis consideraba que mejor harían en quemar el caballo o en subirlo a la acrópolis para despeñarlo desde las alturas, tal como advertían los adivinos. Y, de repente, en mitad de la deliberación, los guardias les interrumpieron trayendo consigo a un aqueo, lleno de magulladuras y con el quitón desgarrado, que lanzaron a los pies del rey.

—¡Hemos capturado a este enemigo que dice llamarse Sinón! —dijo uno de los guardias—. Lo traemos ante ti, pues dice que es un desterrado que pide asilo en nuestro reino. Príamo miró incrédulo al joven que tenía ante él. Y, acto seguido, ordenó que le dieran agua, pues del labio aún le brotaba sangre, fruto de la paliza que le habían proporcionado sus guardias. Sinón se enjuagó, escupió una flema roja y después volvió a beber.

—Habla, pues, pero has de saber que aún no hemos declarado la paz, por lo que no nos temblará la mano a la hora de darte muerte si tus palabras no resultan convincentes. ¿Dónde están tus compañeros aqueos y por qué quieres traicionar ahora a Odiseo?

—Han marchado, noble Príamo —dijo Sinón—. Se han ido todos en barco tras prender fuego al campamento por orden de Odiseo y Menesteo.

—¿Y por qué te han dejado atrás a ti? —preguntó el rey.

—¡Porque soy un traidor! —contestó agachando la cabeza—. Soy un proscrito que no quiere regresar a Esparta, ni seguir compartiendo batalla con nobles como Menelao, que me desprecian por mi origen y que se repartirán la gloria y la riqueza tras volver a sus palacios, mientras que los que hemos combatido en la vanguardia, sufriendo en las carnes los flechazos, tenemos que contentarnos con volver a trabajar, con nuestros lacerados cuerpos y huesos rotos, otra vez en el campo.

Timetes y Capis lo miraron con sorpresa, pues el joven aqueo hablaba desde el corazón, de manera acelerada, sin darse cuenta de que aquél a quien criticaba pertenecía a la misma clase de Príamo.

—Comprendo que Menelao, que es rey de Esparta, pueda albergar cierto desprecio hacia quien no lleva sangre noble, pero ¿cuáles son esos orígenes que te hacen inferior también a los ojos de Odiseo?

—Soy de una familia tan pobre que mi progenitor me confió al ingenioso Palamedes para que me alimentara y educara. Pero mi tutor, a quien quise incluso más que a mi propio padre, fue acusado de traición por Odiseo y asesinado por su culpa. No contento con eso, Odiseo siempre me ha perseguido, acusándome de delitos que jamás he cometido. Por esta razón he decidido traicionarle y pedir asilo en tu tierra, pues sé que mientras Odiseo viva no tendré lugar en la mía. Sírvete, pues, de mí para preguntarme lo que sea.

Supo así Príamo que los aqueos se habían cansado de una guerra que los había alejado durante una década de sus familias, y que, desmoralizadas las tropas al saber que jamás vencerían, Odiseo había decidido volver a casa, pero antes había enviado a Eurípilo a consultar el oráculo. Éste había regresado diciendo que sólo un sacrificio humano como el que se había efectuado en el inicio de la guerra para obtener vientos favorables les permitiría volver con vida a sus lares. Instigado por Odiseo, el adivino Calcante había elegido a Sinón como víctima de la ofrenda a los dioses.

—Pero tras atarme y vendarme los ojos, logré zafarme de las cuerdas que oprimían mis muñecas, quizá por intervención de la magnánima Atenea, y huir hasta que me encontraron tus guardias. Por eso ahora pido tu compasión, pues puedo confirmarte que la guerra ha acabado y el inefable Odiseo ha regresado con los suyos.

—¿Entonces han partido sin el favor de los dioses? —dudó Príamo con cierto desprecio, pues en las lágrimas de ese joven que sollozaba ante él, y al que se presuponía un guerrero, intuyó que el verdadero motivo por el que no gozaba de la simpatía del caudillo aqueo era su manifiesta debilidad.

Sinón tragó saliva, pues no había previsto esa pequeña laguna en el discurso que tan bien se había aprendido y ensayado con Odiseo durante semanas.

—No, noble Príamo, pues para compensar el mal causado a los dioses tras no llevar a cabo mi sacrificio, decidieron construir ese monumental caballo y dedicarlo a Atenea para lograr su desagravio —dijo al fin tras hallar una respuesta convincente—. Pero créeme que Odiseo tampoco ha querido regalároslo, pues si lo medís comprobaréis que fue diseñado con proporciones que no caben por la puerta de vuestras murallas.

La respuesta satisfizo a Príamo, quien ahora lo entendió todo: Odiseo se había rendido, pero para no darles una victoria completa les había regalado un caballo del que jamás podrían apropiarse y llevar al interior de Troya. A pesar de las advertencias, el Consejo deliberó que el prodigioso tributo en forma de equino debía trasladarse, derribando si hacía falta parte de la muralla, a la acrópolis de Troya, donde se exhibiría como un triunfo de guerra ante todo el pueblo, que lo celebraría con un gran banquete, pues la guerra había llegado a su fin.

La noticia de la victoria se extendió por Troya, y sus gentes pronto experimentaron el fervor de sentirse vencedores. Mientras el rey ordenaba la preparación de grandes fastos para celebrar la victoria de los troyanos sobre los aqueos, se organizaron también cuadrillas de trabajadores para introducir el caballo en la ciudad. Entonces Odiseo, que había observado las deliberaciones de Príamo y su Consejo desde un orificio practicado en la boca del caballo, avisó a los suyos.

—¡Han mordido el anzuelo! Están abriendo un hueco junto a la puerta principal de la muralla —susurró, conteniendo su emoción e intentando transmitir calma a sus hombres—. Ahora sólo tenemos que esperar.

La murallas de la hasta entonces invicta Troya tardaron tres días en ser horadadas. Hizo falta más de un centenar de hombres trabajando desde el albor del alba hasta la caída de la noche para apuntalar los muros y, una vez asegurada la estructura, abrir el hueco necesario para que cupiera el caballo. Después, hubo que despejar de piedras el camino para que el artefacto de los aqueos pudiera entrar en la ciudad. Y mientras tanto, Odiseo y sus hombres se dedicaron a sobrevivir como pudieron en el vientre del caballo, soportando el sofocante calor de la madera expuesta al sol.

De repente, el cuarto día, cuando el agua ya casi se les había agotado y la comida putrefacta competía con el hedor a sudor y orina que ya inundaba algunas de las estancias construidas por Epeo, supieron que el encierro llegaba a su fin. Con un ligero temblor, seguido de unos chirridos metálicos y crujidos de madera, los aqueos tuvieron que contener su euforia al sentir que la estructura comenzaba a moverse. Neoptólemo, que en aquel momento montaba guardia, bajó desde el hocico del caballo para alertarles.

—Nos movemos —susurró—. Centenares de troyanos han atado cuerdas a nuestras patas y están tirando con doce bueyes para llevarnos al interior de la ciudad. Han preparado también una enorme puerta de madera para tapar enseguida el hueco practicado en la muralla.

Odiseo se llevó el dedo a los labios y pidió a sus hombres que contuvieran sus gritos de júbilo.

—Preparad las cuerdas y las armas, y ejercitaos y estirad los músculos antes de salir, pues dentro de unas horas, cuando caiga la noche, acabaremos por fin con esta guerra —ordenó Odiseo antes de que Neoptólemo le sujetara por el brazo.

—Prométeme que me permitirás que sea yo quien mate a Príamo, pues me corresponde a mí vengar a mi padre —le dijo el hijo de Aquiles.

—Así sea; no seré yo quien te prive de ese derecho —asintió Odiseo.

Precedido por el cortejo de bueyes que tiraban de él, el caballo fue recibido por la multitud y llevado hasta la acrópolis. Fuera, entre la algarabía, había comenzado a sonar la inconfundible música de un aulós, al que siguieron las cítaras. Desde el interior del caballo, los aqueos podían oler el aroma de la carne asada en las hogueras, que les despertaba el estómago; oían también los cánticos de victoria, que les hacían imaginar a bellas bailarinas, e incluso el sonido de las copas llenándose de vino y vaciándose en los gaznates de sus enemigos. Todos saboreaban ya el momento de la victoria.

Tras una larga noche de fiesta, la mayoría de los troyanos se retiraron a sus viviendas para dormir los excesos del vino, mientras que otros, absolutamente ebrios y con el estómago lleno, se apoyaron en las escalinatas del ágora, donde se entregaron al abrazo de Hipnos y Morfeo. Entonces, Odiseo vio la señal que tanto habían esperado.

Encaramado al tejado del templo más alto de la acrópolis, Sinón, que había disfrutado de la fiesta acogido por los troyanos como uno más, encendió una antorcha. A los pocos segundos de ver la llama, Odiseo reconoció el esperado sonido de una flauta de Pan, y confirmó así que el resto de los aqueos, recién llegados de Ténedos, esperaban al otro lado de la muralla. Sonrió al ver que sus hombres abrían la portezuela en la grupa y, de uno en uno, empezaban a descender por las crines del caballo. Ya sólo tenían que abrir las puertas de Troya al resto de sus hombres y saquear la ciudad hasta poner fin a aquella guerra que había durado años. Una vez reunidos, Odiseo miró a Neoptólemo y asintió, antes de que éste se encaminara, espada en alto, hacia el palacio de Príamo. La caída de Troya era ya inevitable, y la victoria de los aqueos, una realidad.

El laberinto del Minotauro

Me presentaré voluntario, iré a Creta y mataré a esa bestia —dijo Teseo sin apenas pestañear.

Sentado en su trono, Egeo no podía creer lo que decía su hijo. Tal vez porque Teseo era demasiado impetuoso, y algo inconsciente para su edad, no podía sopesar el riesgo al que se enfrentaba. O es que tal vez aquel joven de dieciocho años recién cumplidos estaba llamado a ser uno de los grandes héroes de la historia. Egeo trató de disuadirlo.

—No sabes a lo que te enfrentas... Ese monstruo al que llaman Minotauro lleva décadas devorando a jóvenes, y a pesar de que los cretenses lo encerraron en un laberinto, todos en la isla siguen temiéndolo. Esa bestia con cuerpo de hombre y cabeza de toro es voraz y despiadada, y no le importará que seas mi hijo, el hijo del rey de Atenas: ¡te despedezará y te engullirá como a los otros!

—No insistas, padre. Iré. Está decidido. Cumpliremos con la exigencia de Minos, pero esta vez será la última, pues volveré a mi tierra con la cabeza del monstruo.

En aquella época, Minos, el rey de Creta, que había visto morir a su hijo Androgeo por culpa de Egeo, le exigía a Atenas en compensación por su pérdida que cada siete años enviara como tributo a siete efebos y siete doncellas. Los catorce jóvenes vírgenes viajaban desde el puerto del Pireo en un barco con velas negras, como un luto que presagiaba su funesto destino, y tras llegar a Creta eran encerrados en el laberinto que Dédalo, el gran artesano griego, había construido para mantener cautivo al Minotauro. Una vez allí, vagaban por aquella obra monumental y, desorientados, sin otro rumbo que una muerte segura, acababan devorados por el monstruo.

Aquel año debían enviar la tercera remesa de muchachos y muchachas atenienses, y Teseo había decidido ser uno de ellos. A Egeo le costaba aceptar la decisión del joven. No sólo temía perder a su único hijo, sino que también sabía que si éste no regresaba victorioso tras dar muerte a la bestia, el trono de Atenas quedaría sin legítimo heredero, desencadenando la guerra y la miseria para su pueblo. Pero Teseo era tan terco que cuando decidía algo no paraba hasta conseguirlo. Observándolo con una amarga sonrisa que ocultaba sus temores, el rey se mesó la barba y aceptó, con una condición.

—Créeme que no quiero perderte, y sé que nada podría honrar más a Atenas y te haría más merecedor de este trono que correr el riesgo de morir por su pueblo —le dijo mientras lo abrazaba con fuerza—. Pero prométeme que si consigues matar al Minotauro, cambiarás las velas negras del barco por unas blancas para que desde lo alto del monte del cabo Sunion yo pueda verlas y saber que regresas a casa victorioso, habiendo liberado Atenas de tan injusto tributo.

—Así lo haré, padre. Y ten por seguro que venceré.

—Debes lograrlo, Teseo, pues de lo contrario sólo la muerte me librará de la pena.

*

El viento del norte inflaba las velas negras del navío, impulsándolo con fuerza, como si Céfiro y Eolo se hubieran confabulado para hacerlo llegar cuanto antes al puerto de Creta. Junto con los otros trece elegidos, Teseo oteaba la costa desde la proa en completo silencio mientras dejaba que la brisa desordenara los rizos de su cabello.

Conforme el barco se iba acercando a Creta, Teseo no tardó en distinguir a la comitiva que los esperaba en el muelle. Nada más descender a tierra, el rey Minos en persona, vestido con una túnica púrpura sobre la que brillaba un enorme pectoral de oro con un hacha de doble hoja y la cabeza de un toro, inspeccionó a los efebos y las doncellas para dar su aprobación. Al reconocer al hijo de Egeo entre los catorce elegidos, se detuvo ante él. Teseo le sostuvo la mirada y, pese a la solemnidad del momento, el rey no pudo evitar una sonrisa de satisfacción.

—Servirán... —dijo—. Este año, Egeo ha sido dadivoso y ha cumplido con creces su palabra. La sangre y la carne de estos catorce jóvenes atenienses bastará para calmar el hambre del Minotauro. ¡Conducidlos al palacio de Cnosos y lavadlos, ungidlos en aceite y perfume! Después llevadlos a la celda dispuesta para ellos junto al templo y dadles la mejor cena, pues mañana sin dilación serán arrojados al laberinto.

En ese instante, un escalofriante mugido retumbó en algún lugar de la isla, y los jóvenes que iban a servir de ofrenda se estremecieron, juntándose en piña, como intentando protegerse mutuamente.

—Ya huele la carne de estos atenienses... —dijo Minos sin inmutarse—. ¡Lleváoslos, no le hagamos esperar!

Teseo clavó sus ojos en el rey mientras varios guardias les empujaban y unas sacerdotisas, con el rostro cubierto por un velo negro, los conducían al templo. Minos le sostuvo la mirada y la sonrisa, que asomó sin disimulo entre su espesa barba. A su lado, Ariadna, su hija, reparó en que aquel efebo no dejaba de mirarlos altivos y desafiante.

—¿Quién es, padre? —susurró tras posar suavemente su mano sobre el antebrazo de Minos.

—Es Teseo, el hijo de Egeo... Y a partir de mañana, cuando el Minotauro lo devore, el trono de Atenas quedará sin heredero —le contestó con el tono de satisfacción que le proporcionaba oírse a sí mismo presagiar ese futuro.

Ariadna miró a aquel muchacho algo más joven que ella: a pesar de que los guardias le empujaban hacia el camino, seguía volviendo su cabeza hacia el muelle para buscar al rey. La joven cretense sintió que el corazón le latía más rápido. En aquellos ojos, verdes como una hoja de olivo, que ahora se fijaban en ella, creyó ver valentía, arrojo y la inconsciencia propia de un joven que no sabe a qué se enfrenta. ¿Era ese ímpetu juvenil el material con el que se forjan los héroes? Y entonces, fijándose en cómo Teseo desafiaba a un rey poderoso y temible como Minos, lo tuvo claro. Sí, aquel joven era el héroe que había estado esperando, el que la ayudaría a terminar con la mayor vergüenza que había sufrido su familia.

*

—Hay que llevarlo al templo —dijo con voz ronca y autoritaria aquella figura de mujer cubierta por un velo negro mientras señalaba a Teseo.

Pero los dos guardias que custodiaban a los jóvenes que iban a ser sacrificados se mostraron recelosos de la petición de la sacerdotisa.

—Tenemos órdenes de no dejar salir a nadie bajo ningún concepto.

La mujer insistió, esta vez con una voz que parecía salida de las profundidades del inframundo.

—Debo llevarlo conmigo, pues es impuro y no servirá de ofrenda al Minotauro si antes no se purifica como mandan los dioses. Si no está preparado, mañana no podrá ser sacrificado y entonces caerá sobre todos nosotros el peso de la tragedia.

Teseo caminó en silencio junto a aquella figura velada, seguidos por el guardia, hasta una de las salas del edificio contiguo al templo. Cuando llegaron al patio rodeado de columnas rojas y negras, la sacerdotisa ordenó al guardia que fuera al ágora y llenara un ánfora en la fuente, pues necesitaba agua limpia para purificar al joven. El guardia quiso negarse, pero la voz profunda de la sacerdotisa sonó tan implacable que terminó obedeciendo. Una vez que se quedaron solos, Teseo se volvió y comenzó a desatar su quitón, dispuesto a desnudarse para ser purificado. Desde debajo de su velo, la mujer reparó en la espalda del joven, cuya musculatura había abandonado ya las formas de un adolescente y hacía que se intuyera el incipiente aspecto de un atleta. Sobre el hombro, una cicatriz abultada y reciente en forma de media luna, como la cornada de un toro, revelaba que aquélla no sería la primera lucha del muchacho. Al verlo, un rubor, hasta entonces inusual en su vida, se extendió por las mejillas de la sacerdotisa.

—Detente —le dijo en otro tono mientras se descubría el rostro—, pues tenemos poco tiempo.

Teseo se volvió hacia ella desconcertado por el cambio de voz, que ahora sonaba dulce y melodiosa, y enseguida la reconoció.

—¡Tú…, la hija de Minos!

—Sí, Ariadna, princesa de Creta. Y tú eres Teseo, príncipe de Atenas.

Teseo se quedó mirándola extrañado mientras se recolocaba de nuevo el quitón, sin alcanzar a comprender por qué la hija del rey había engañado a los guardias para sacarlo de allí. Ariadna se acercó al ateniense y, apoyándose en sus antebrazos en un gesto de confianza, se apresuró a contarle su plan.

—Te lo ruego, escúchame atentamente… Sé que no has venido a Creta a morir sin luchar, pues en tus ojos veo el deseo de librarnos a todos de ese monstruo que tanto daño ha hecho ya a nuestra gente. Has de saber que ayudándote traiciono a mi padre y a mi madre, pero no a mi pueblo, que sufre desde hace décadas el horror de convivir con ese engendro con cuerpo humano y cabeza de toro. No quiero más sangre derramada, ni de atenienses ni de cretenses, para cubrir los errores de mi familia…

Teseo no acababa de entender a la joven, cuyos ojos se habían llenado de lágrimas, así que le preguntó:

—¿Tu familia es la responsable de esto?

Ariadna tragó saliva y, apartándose de Teseo, continuó:

—Ese monstruo es mi hermanastro. —Hizo una pausa antes de continuar, pues la vergüenza la carcomía por dentro como un gusano en una herida infecta—. Ese ser abominable es fruto del deseo de mi madre, la reina Pasífae, quien presa de una pasión deplorable, quién sabe si por causa de los dioses, yació con un toro blanco.

Teseo no podía creer lo que le estaba contando aquella joven, desesperada por el secreto que su familia había custodiado durante años. Ariadna sospechaba que había sido el mismísimo Poseidón, molesto porque Minos no había querido sacrificar un toro blanco en su honor, quien había ideado toda aquella tragedia. Ofendido, el dios de los mares había hecho que Pasífae se enamorase de aquel toro y quisiera copular con él. Pero como la anatomía de ambos convertía aquel deseo en un peligro, la esposa de Minos solicitó a Dédalo que construyera una vaca de madera hueca por dentro. Tras cubrirlo con el cuero de una res, aquel artefacto del mejor artesano que había pisado Creta parecía tan real que costaba distinguirlo de cualquier vaca pastando en los campos. Lista para extinguir aquel fuego que le abrasaba las entrañas, Pasífae se introdujo dentro de la vaca de madera y llamó a sus criados para que soltaran al toro. Presa de un amor incontrolable, la madre de Ariadna soportó entre sus piernas los envites del toro, que montó salvajemente aquella estructura hasta descargar su deseo en su interior. Nueve meses más tarde, Pasífae parió un ser con cuerpo de niño y cabeza de toro.

—Aquel monstruo devoraba sólo carne humana —continuó Ariadna—, por lo que mi padre ordenó a Dédalo construir un laberinto para encerrarlo dentro, y obligó a tu padre, Egeo, a enviar cada siete años a catorce jóvenes para alimentarlo y evitar que se comiera a nuestra gente.

Mientras contaba esa historia sin ser capaz de mirar al ateniense a la cara, el cuerpo de Ariadna fue agitándose, como sacudido por cada una de aquellas muertes que habían alimentado al Minotauro. La vergüenza golpeaba a la hija de Minos y las lágrimas cortaban una y otra vez sus palabras, que apenas se entendían entre los sollozos. Impactado por aquella historia, Teseo posó la mano sobre el hombro de la joven y, confiado, se atrevió a contarle su plan:

—No temas, pues has de saber que me he presentado voluntario para venir aquí y que tengo como empresa matar a esa bestia.

Ariadna pareció calmarse al oír esas palabras que confirmaban sus sospechas, y se volvió hacia él. Los ojos de Teseo resplandecían con la ilusión de quien no teme a la muerte, y la princesa de Creta lo miró con admiración. El joven continuó:

—Sin embargo, he de confesarte que aún no sé cómo lograré acabar con el Minotauro... Soy bueno con la espada, ¡no hace mucho maté con ella a un toro blanco en Maratón!, pero aunque consiga derrotar a esa fiera, no sé cómo regresaré sin perderme entre los pasillos de esa obra creada para que nadie escape de ella. ¿Alguien ha logrado salir de allí jamás? —preguntó Teseo, consciente de que tal vez se había precipitado yendo a Creta sin un plan concreto para acabar con el monstruo.

—Jamás... —contestó la princesa.

En ese momento, a pesar de la emoción que la embargaba, Ariadna tuvo la sensación de que tal vez se había equivocado con el hijo de Egeo: Teseo tenía madera de héroe, sí, pero apenas era un hombre recién salido de la adolescencia, tan impetuoso e inexperto que se había lanzado a aquella hazaña sin haberse preparado. La hija de Minos creía que, aunque la juventud, el valor y la fuerza son grandes armas de batalla, son la madurez, el ingenio y la estrategia las que finalmente decantan la victoria.

—Soy capaz de derrotar al Minotauro..., pero no estoy seguro de vencer a Dédalo... —reflexionó Teseo, empezando a dudar de sí mismo, mientras agachaba la cabeza.

Ariadna alargó su mano y le elevó el mentón hasta que tuvo los ojos del ateniense delante de los suyos. Entonces pasó a desarrollarle su plan poco a poco, como quien devana una madeja de lana. La hija de Minos estaba convencida de que podía derrotar una mente como la de Dédalo: por mucho que el artesano hubiera ideado un entramado de largos pasillos que se enroscaban como conchas de molusco, terminaban en callejones sin salida y se asemejaban unos a otros, jamás había podido sospechar que el ingenio de una mujer hallaría la manera de vencerlo con un elemento tan sencillo, y en apariencia tan inofensivo, como el huso de una hilandera.

—No temas por eso —dijo la joven—, pues llevo años tejiendo un plan infalible: conseguiremos una espada para que des muerte a mi hermanastro y te proporcionaré un ovillo de lana. Ataremos un extremo del hilo a un árbol e irás desenrollándolo conforme avances por el laberinto. Una vez que hayas matado al Minotauro sólo tendrás que seguir el hilo y hallarás la salida.

El ateniense no se lo podía creer. El ingenio de Ariadna no sólo había engañado a los guardias para sacarlo de allí, sino que había encontrado la forma de escapar del laberinto. ¿De dónde había salido aquella mente privilegiada que le miraba con una seguridad que nunca antes había visto en una mujer? Teseo reaccionó levantando las cejas y sonrió con cara de sorpresa. Pero no tanto como cuando sintió la tibieza de los labios de Ariadna pegados a los suyos.

*

La luz del atardecer que se colaba por la puerta del laberinto apenas dibujaba una mancha en el suelo y se iba perdiendo poco a poco conforme avanzaba. Nada más doblar la primera esquina, Teseo se detuvo para permitir que sus ojos se acostumbraran a la oscuridad. El hijo de Egeo levantó la tea para observar el pasillo que se abría ante él, pero apenas logró ver más allá de unos pasos. La llama de la antorcha titilaba desplazada por un viento húmedo, como el aliento de una bestia, que surgía de aquella garganta donde la oscuridad era absoluta. Teseo intuyó algo entre las tinieblas. Un pequeño destello en la piedra, una mancha negra o el brillo de un ojo que parecía observarle. Se detuvo un instante mientras contenía la respiración, y pronto comprendió que, aunque no debía bajar la guardia, tampoco debía tener miedo. Aquello no era más que su sombra y el destello de luz lo provocaba el reflejo del fuego en su espada.

El joven avanzó un poco más hasta la primera bifurcación de aquella monstruosa obra. La cárcel del Minotauro, el lugar donde desde hacía largo tiempo habitaba el hombre con cabeza de toro. Instintivamente, tomó el camino de la derecha y acercó la antorcha al muro de piedra. Sirviéndose de su propia sombra como referencia, comprobó que la pared se iba curvando poco a poco, tal vez enroscándose sobre sí misma.

Teseo tiró suavemente del hilo que le había dado Ariadna para comprobar su resistencia. Había confiado en la astucia de la joven y no dudaba de ella, pero no quería cometer errores que le llevaran a la fatalidad, que lo arrastraran al destino que habían corrido muchos antes que él, sacrificados para saciar el hambre y la furia del monstruo. Si aquel hilo se quebraba al quedar encallado en una esquina, si se deshilachaba por el roce con las angulosas piedras con que Dédalo había erigido aquellos muros, estaría condenado. Y con él, los otros trece jóvenes elegidos para calmar el hambre del Minotauro.

El hilo se mantuvo tenso, y el joven imaginó a Ariadna esperándolo en la salida del laberinto, custodiando el otro extremo, atado al tronco de un viejo olivo. Mientras caminaba con pequeños pasos para no tropezar, pensó en el delicado rostro de la hija de Minos, en su piel dorada por el sol de Creta y en la mirada que ambos se habían cruzado al despedirse: él se había dado la vuelta antes de entrar, apretando el ovillo cerca de su corazón, y ella había asentido con la cabeza, para indicarle que confiaba en él para derrotar al monstruo. Había avanzado ya más de cien pasos, pero aun así la percibía cerca. De repente, mientras sujetaba con firmeza el ovillo para tensar de nuevo el hilo, creyó sentir una vibración, como cuando se pellizca la cuerda de una lira. Teseo sonrió al pensar que Ariadna había encontrado una forma de comunicarse con él, pero pronto se dio cuenta de que no debía distraerse. ¿Y si no había sido ella? ¿Y si el Minotauro había tropezado con la cuerda?

—Concéntrate —se dijo a sí mismo—, bajar la guardia, aunque sólo sea un instante, puede resultar letal.

Sujetó la madera del ovillo en su espalda, la apretó con ayuda de su cinturón para que no se le cayera, y siguió desenrollando el hilo al mismo tiempo que caminaba. Lo siguiente que encontró fue una pared húmeda y un sonido lejano de agua que goteaba. La temperatura descendió como si la noche cayera de golpe sobre él, como pudo comprobar en su piel, y sintió que un golpe de viento le movía el quitón, inflándolo como la vela de un barco. Teseo miró hacia arriba y comprobó que el cielo plagado de estrellas se abría sobre él.

—¿Cómo es posible? —se dijo.

Ya había anochecido y estaba al aire libre, pero los muros eran tan altos que ni siquiera se había dado cuenta. Pensó que tal vez el firmamento le ayudaría a orientarse, al fin y al cabo era un buen marinero, pero su campo de visión era tan escaso que apenas podía distinguir una constelación. Esforzándose, localizó la estrella más brillante de la Osa Mayor.

Cruzó dos pasillos más, o tal vez tres. Llegó hasta una calle sin salida que lo obligó a volver hacia atrás, recogiendo de nuevo el hilo. Subió una pequeña pendiente, casi imperceptible, giró a la derecha y luego dos veces más a la izquierda, quizá sólo fuera una. Otra vez sintió frío y volvió a tocar una pared húmeda. ¿Era la misma de antes? ¿Estaba caminando en círculos? De repente, Teseo miró al cielo y comprobó que estaba perdido: la Osa Mayor seguía en la misma posición, como si sus pies le hubieran llevado al mismo sitio, como si nunca se hubiera desplazado. Pero era imposible.

Ahora sólo el hilo que lo conectaba con Ariadna podría salvarlo. Maldijo a los astros, pero ya no había vuelta atrás y de nada servía enfadarse ni intentar entender dónde estaba: debía encontrar y matar al Minotauro como fuera, por lo que siguió caminando sin rumbo, hasta que una vez más sintió una oscilación en la cuerda. Se detuvo e intentó controlar su respiración. Había soltado ya más de la mitad del ovillo, por lo que debía de estar muy lejos de la entrada. O tal vez no. El hilo vibró de nuevo, como una telaraña al atrapar un insecto. Esta vez no podía ser Ariadna.

Un escalofrío recorrió su espalda al sentir un bufido en algún lugar de aquella arquitectura. Estaba cerca. El hijo de Egeo se detuvo en el primer rincón que encontró para evitar que la luz de su antorcha lo descubriera. Aguzó el oído y la vista, intentando intuir entre las sombras algún movimiento que delatara la presencia del monstruo. Y sintió que no estaba solo. Poco a poco fue moviendo la tea, pero la luz sólo reveló los mismos muros que había visto una y otra vez. De repente, se fijó en el suelo: junto a sus pisadas, había unas huellas enormes, en la dirección contraria. Teseo lo tuvo claro: en algún momento, sus caminos se habían cruzado, y ahora el Minotauro sólo podía estar detrás de él. El joven no tardó en percibir el aliento en su espalda.

Nada más volverse, Teseo contempló cara a cara al monstruo. Era aún peor de como lo había imaginado. Debía de medir más de ocho cabezas, y su cuerpo era un conglomerado de músculos tensos que se vislumbraban por debajo del vello, ralo y negro, que cubría la mayor parte de su cuerpo. Sus piernas eran poderosas como las de un atleta, y en sus brazos, gruesos como los de un arquero, se marcaba una red de venas que parecían palpitar por sí mismas. Alrededor del cuello, una corona de crin, como si fuera una pequeña joroba, daba paso a una cabeza que no tenía nada de humano: cubierta por completo de pelo negro, en ella se distinguían un gran hocico, unos belfos anchos y unas fosas nasales brillantes y húmedas, que expelían densas gotas cada vez que respiraba. Sus ojos, desplazados ligeramente hacia los lados, parecían labrados en azabache, y sus astas, ebúrneas y curvadas hacia arriba, mostraban pitones tan afilados como la punta de una lanza.

Tras mantenerle la mirada un instante, el Minotauro mugió y resopló. Estaban casi cara a cara y Teseo sintió la humedad de aquel bufido caliente. Sin esperar a que el hombre toro atacara, se dio la vuelta y comenzó a correr. El ovillo de Ariadna rebotaba en su espalda, desenrollándose, mientras él se dirigía hacia el primer pasillo que vio. De repente, se encontró en mitad de una explanada de arena, una pequeña plaza circular en la que se abrían tantos pasillos que era imposible contarlos de un vistazo. Y entonces, desconcertado por aquel lugar, tropezó con algo duro y cayó al suelo. Se dio cuenta enseguida de que aquél era el lugar nauseabundo donde el Minotauro devoraba a sus víctimas: el suelo estaba plagado de huesos y calaveras que se amontonaban entre montañas de ropa cubierta de sangre seca.

Sin tiempo para pensar, cogió una tibia y la lanzó contra el Minotauro, que en ese momento accedía a la plaza por una puerta diferente…, ¿o tal vez era la misma? Le acertó de lleno en la testa, lo que enfureció aún más al monstruo, que se dispuso a atacar bajando la cabeza y amenazándole con sus cuernos. Teseo se incorporó de nuevo y blandió su espada, pero al ver que el hombre toro se dirigía hacia él decidió salir corriendo de nuevo. Recorrió varios pasillos perseguido por aquel monstruo. Lo sentía a su espalda, bufando, mugiendo, levantando la arena del suelo, arañando con sus cuernos los muros más angostos o derrapando al encarar una curva. Pero Teseo no podía perder ni un instante en mirar atrás o estaría perdido. Sin dejar de correr, dobló una esquina y enfiló una larga recta. Entonces sintió que todo se acababa. Detrás de él, los pasos del Minotauro aceleraban su carrera y, delante, Teseo vio con horror cómo el pasillo elegido no tenía salida: al fondo del corredor, un enorme muro de piedra se erigía ante él impidiéndole el paso. Pero el joven no estaba dispuesto a morir sin luchar, así que corrió hacia aquella pared con todas sus fuerzas. Cuando ya estaba a punto de estrellarse contra la piedra, sintió que los pitones del Minotauro rozaban la tela de su quitón y entonces dio una zancada más: impulsado por una fuerza sobrehumana aún pudo caminar tres pasos más sobre la pared, escalando por ella como si sus tobillos tuvieran alas. Y mientras el hombre toro golpeaba con toda su fuerza sus cuernos contra el muro, Teseo tomó impulso, plegó sus rodillas hasta llevarlas al pecho, echó su cabeza hacia atrás y dio una vuelta en el aire hasta terminar cayendo a horcajadas sobre el espinazo de la bestia. Aturdido por el golpe, el Minotauro no tuvo tiempo de reaccionar mientras aquel joven que debía servirle de alimento alzaba su espada y, tal como había visto hacer a los ganaderos cuando sacrificaban a sus reses heridas, clavaba la punta en el morrillo del monstruo, justo entre dos vértebras. La hoja se hundió como en un cubo de manteca, y al instante el Minotauro escupió un torrente de sangre y exhaló su último bufido.

*

Debajo de aquel árbol, donde había permanecido sin moverse, Ariadna sintió que el hilo que había atado al tronco comenzaba a temblar de nuevo. Aguzó la vista y pudo distinguir una silueta que se movía con dificultad en la lejanía. Corrió entonces sin miedo hacia la puerta del laberinto, agarró la tea que había a la entrada y se introdujo en él, tomando entre sus manos el hilo, que la guiaba en su camino. Al otro lado, Teseo sintió que la lana se movía, dejó que sus ojos se acostumbraran a la luz y no tardó en descubrir la silueta de la princesa cretense.

—¡Ariadna! Lo hemos conseguido. ¡He matado al monstruo!

La joven corrió a abrazarle y besarle, y Teseo respondió, a pesar de que estaba cubierto de sudor y sangre y le faltaba el aliento. Ariadna reparó en que el ateniense apenas la tocaba. Se separó entonces ligeramente de su abrazo y vio que en una mano temblorosa sujetaba aún con fuerza el ovillo de lana, que volvía a estar enrollado, y en la otra arrastraba la sanguinolenta cabeza del Minotauro, asiéndola por uno de los pitones.

Teseo se derrumbó sobre la joven, que lo arrastró como pudo hacia la salida. Allí el sol comenzaba a despuntar en una fría mañana y la joven aprovechó el rocío para lavarle el rostro como pudo.

—Ahora nuestros pueblos están libres de ese monstruo que tanta sangre ha derramado. Y todo gracias a ti —dijo Teseo mientras Ariadna le acariciaba el pelo en su regazo—. Pídeme lo que quieras, pues si bien matarlo fue cuestión de fuerza, jamás habría podido salir de ahí sin tu inteligencia.

*

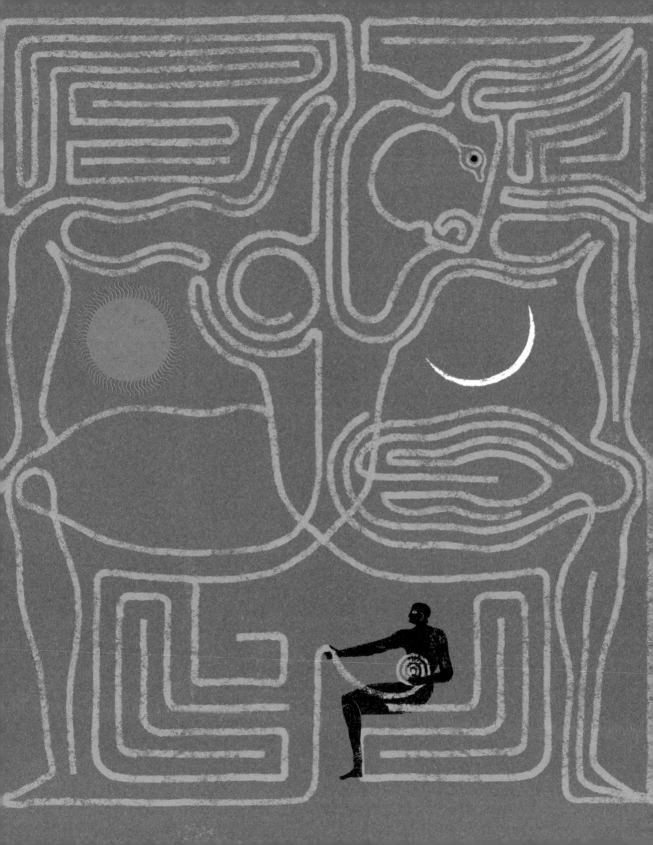

Las velas volvieron a inflarse, esta vez por el viento del sur, que llevaría al barco de regreso a Atenas. El héroe contemplaba orgulloso a los otros trece jóvenes atenienses, que habían sido liberados por Minos tras la muerte de la bestia, y que ahora veían alejarse el puerto de Creta. La euforia se notaba en sus rostros, pues jamás habían pensado que regresarían de aquel viaje cuyo destino previsto no era otro que la muerte. Al lado de Teseo, Ariadna le sujetaba con firmeza la mano. La princesa cretense le había pedido que la llevara con él y el joven no había sabido negarse.

El barco atracó en el muelle de la la isla de Naxos para aprovisionarse de agua y comida, pues nadie había previsto que regresarían a casa con catorce pasajeros más. Allí, como los marineros más curtidos presagiaban mar de fondo, decidieron que era mejor pasar la noche en la isla hasta que la furia de Poseidón, tal vez agraviado por la muerte del monstruo que él había inducido a crear, se calmara.

El barco atracado se agitaba tanto en el muelle que Ariadna y Teseo decidieron dormir en la playa. Tras pasear por la orilla se tumbaron en una manta sobre la arena. Ariadna comenzó a acariciar el pecho del héroe, percibiendo en el incipiente vello que poco quedaba ya de aquel adolescente inmaduro que había llegado a Creta hacía apenas unos días. Lo besó y allí, frente a las aguas que dominaba Poseidón y el rumor de las olas, dejó caer su vestido y se colocó a horcajadas sobre el muchacho, hasta asegurarse de que los ojos verdes de Teseo perdieran para siempre el brillo de la infancia.

*

El graznido de las gaviotas despertó al héroe sobre la arena. A su lado, Ariadna dormía plácidamente bocabajo, mientras el sol comenzaba a elevarse en un cielo de color de rosa, iluminando su piel. Teseo le besó el hombro, húmedo y salado por la cercanía del mar, y se quedó un rato mirándola. Aquella muchacha le gustaba. Admiraba su valor, su ingenio, su arrojo y la capacidad de anteponer su pueblo al nombre de su familia. Tenía todo lo que cabía esperar de una reina, pero, aun así, Teseo dudaba de si había tomado la decisión correcta al llevarla consigo a Atenas. Estuvo cavilando qué hacer durante largo tiempo. Aún era joven para buscar esposa, y tal vez la hija del rey Minos, antiguo enemigo de su padre, no era la mejor opción... Decidió entonces no despertarla, la tapó con la manta y se encaminó al embarcadero.

Nunca supo por qué lo hizo, pero una vez allí permitió que levaran el ancla y desplegaran las velas, que cayeron como la negra noche, tapando el sol que ya había comenzado a alzarse sobre ellos. Los otros trece jóvenes estaban esperando impacientes a que él llegara, pues querían regresar cuanto antes a Atenas, abrazar a sus familias y acabar pronto con su sufrimiento, puesto que estas aún los daban por muertos. Mientras el viento golpeaba los aparejos, Teseo sintió que le invadía la melancolía e incluso pasó largo tiempo en la popa para intentar ver la playa donde había abandonado a Ariadna. Hubo un momento en que creyó distinguirla entre la arena, pero pronto se dio de cuenta de que aquella sombra a la que ahora alcanzaba la marea no era más que una roca.

Pasado un tiempo, Teseo decidió trepar al palo para ser el primero en atisbar la costa de Atenas. Y fue entonces, conforme el barco se iba acercando, cuando distinguió en el horizonte las primeras montañas y el promontorio del cabo Sunion. Ensimismado, con la brisa en la cara, lanzó un grito de júbilo, alegre por volver a casa vencedor, como un héroe. Y de súbito, el corazón le dio un vuelco.

—¡Arriad las velas! ¡Soltad el ancla de inmediato y cortad los aparejos! —comenzó a gritar desde lo alto como si la locura se hubiera apoderado de él—. ¡Por Zeus y todos los dioses, haced lo que os digo!

Pero nadie reaccionaba ante aquella petición, así que Teseo, desesperado, saltó a la cubierta y rodó por ella. Presa de la desesperación, desató cuantos cabos alcanzaron sus manos, haciendo que las velas giraran de golpe y las sogas azotaran a cuantos se cruzaran en su camino.

—¡Hay que descolgar las velas! ¡Hay que cambiarlas ya!

Su cara mostraba angustia y parecía completamente poseído por la desesperación, hasta tal punto que seis marineros tuvieron que lanzarse sobre él para evitar que el barco zozobrara. Teseo lloraba y gritaba hinchando las venas de su cuello, apresado por los brazos de sus compañeros. Ahí arriba había recordado la promesa que le había hecho a su padre: debía cambiar las velas negras por unas blancas si lograba matar al Minotauro, pues de lo contrario Egeo se suicidaría lanzándose al mar. Y entonces, luchando en la cubierta por liberarse de aquellos hombres que le oprimían el pecho y no entendían sus lágrimas, Teseo tuvo la certeza de que por su culpa su padre acababa de morir.

Deméter

EL RAPTO
DE
PERSÉFONE

Perséfone jamás había visto nada semejante. Aquel campo de flores de la llanura de Nisa era, sin duda, el paraje más hermoso de la región de Caria, un lugar donde la suave brisa agitaba los dientes de león hasta inundar el aire de plumosas semillas. Emocionada por esos ingrávidos filamentos que parecían caer sobre ella como copos de nieve, la joven diosa no podía dejar de correr entre las amapolas, los jacintos y las campanillas, que exhalaban su aroma y tapizaban los verdes pastos con todos los colores del arcoíris. Varias ninfas acompañaban a la hija de Zeus y Deméter aquella mañana y jugaban a esconderse entre los arbustos mientras recogían bayas dulces, hacían ramilletes de malvas con los que adornarse el cabello y disfrutaban de la exuberante naturaleza que aquel rincón de la península de Anatolia mostraba en su máximo esplendor.

De repente, atraída por un intenso aroma que nunca antes había percibido, Perséfone se separó de las ninfas, dispuesta a encontrar la fuente de ese perfume desconocido. Embriagada, se perdió por los senderos de un pequeño bosque de pinos hasta que terminó en un inmenso prado. Y entonces la vio: allí, en mitad de la verde hierba, engalanada aún con frescas gotas de rocío, lucía una única y solitaria flor de seis pétalos violetas que no conocía. El sol, como si no hubiera otra planta sobre la tierra, se posaba delicadamente sobre ella, iluminándola. Perséfone corrió hacia la flor desconocida y se acercó para olerla mejor. Sí, aquél era el perfume que le había llamado la atención mientras jugaba con las ninfas.

—¿No sería maravilloso recogerla antes de que se marchite y lucirla en una corona en mi pelo? —pensó la joven.

Pero cuando se acercó para agarrar el tallo observó que el polen, tan rubio como su cabello, se desprendía, tembloroso. Sintió entonces que el suelo se quebraba bajo sus pies y la tierra se abría en una inmensa grieta.

Alertadas por los gritos de Perséfone y por el temblor que había sacudido la llanura, las ninfas corrieron a buscarla, pero al alcanzar el prado de donde provenía su voz, sólo hallaron una abultada cicatriz de tierra que sobresalía entre la hierba. Las ninfas la miraron incrédulas: era como si el campo se hubiera abierto y vuelto a cerrar en apenas un instante. Sobre la tierra removida yacía una flor violeta deshojada.

*

—¡Madre, madre, se me llevan!

En algún lugar cerca de Caria, Deméter sintió a su hija llamándola a gritos y corrió para buscarla.

—Kore, ¿qué te ocurre, hija mía? ¡Kore! —gritaba, llamándola por su apodo cariñoso, pero sin obtener respuesta—. ¡Dime dónde encontrarte!

La diosa de la naturaleza movilizó los elementos, despejando las nubes y permitiendo que el sol iluminara cada rincón de Anatolia. Los arbustos y el monte bajo que cubrían el suelo y cerraban los caminos se fueron abriendo a su paso e incluso los arroyos detuvieron su corriente para que la desesperada madre pudiera cruzarlos y llegar cuanto antes al prado de las ninfas.

—¿Dónde está? ¿Dónde está mi hija? —les gritó nada más verlas.

Unas lloraban desconsoladas mientras que otras seguían afanándose en su búsqueda, interpretando el canto de los pájaros y de cuantos animales hallaban, a los que interrogaban para saber si alguno sabía qué había sucedido con la joven. Pero nadie había visto nada. Era como si a Perséfone se la hubiera tragado la tierra.

Deméter no podía soportar la idea de que su hija, a quien tanto quería, hubiera desaparecido. La llamó a gritos, haciendo resonar su voz en el valle. Obligó a los árboles a recoger sus ramas para descubrir los bosques y dejar los escondites a la vista. Movilizó hasta el más diminuto insecto para tratar de hallarla en cualquier rincón, por pequeño que fuera. Pero todo fue inútil. Cansadas de buscar sin resultados, las ninfas se situaron a su alrededor, intentando consolarla, pero Deméter, que como la propia naturaleza podía ser tan magnánima como devastadora, las miró llena de furia:

—¡Deberíais haberla protegido! —Las ninfas retrocedieron asustadas, pero la diosa se acercó mientras las señalaba con un dedo acusador—. Y ahora me ayudaréis a encontrarla —dijo subiendo el tono—. ¡Yo os maldigo! A partir de hoy seréis temidas por los hombres, pues os crecerán alas y con ellas recorreréis los cielos hasta descubrir a vista de pájaro dónde está Perséfone.

Y diciendo estas palabras, las miró una a una a los ojos y estas se fueron convirtiendo en sirenas, seres con cuerpo de ave y cabeza de mujer, que no tardaron en alzar el vuelo en busca de la hija de la diosa.

*

Pasaron los días y ni siquiera las sirenas supieron dar noticia alguna sobre Perséfone. Desesperada por haber perdido a su hija, Deméter descuidó sus obligaciones para seguir buscándola: una mañana, el rocío no acudió a escarchar la hierba, que comenzó a amarillear, y la tierra empezó a cuartearse por la escasez de lluvia. Todo en la naturaleza alteró su ritmo y los días comenzaron a no distinguirse de las noches. Las nubes se agrupaban y se dispersaban al azar, sin que la diosa les ordenara descargar sobre los prados. Los vientos dejaron de arrastrar el polen y las semillas. Las plagas de insectos se extendieron y las plantas dejaron de florecer, encorvando sus mustias hojas al paso de la diosa. Era como si toda la naturaleza experimentara la tristeza y el padecer de aquella madre angustiada.

Hécate, la tercera divinidad que, junto con Deméter y Perséfone, se encargaba de que todo estuviera en orden en la naturaleza, se identificó con el dolor de perder a una hija y, sin mediar palabra, ayudó a Deméter a vestirse de luto antes de acompañarla en su búsqueda por el mundo. Juntas buscaron hasta en el más recóndito lugar de la tierra, pero fue en vano.

—Debemos rendirnos —dijo Hécate tras una larga travesía—. No hay forma de encontrar a Perséfone y ni siquiera hemos hallado una pista que nos lleve hasta ella. Tal vez no quiere que la encontremos... y deberíamos volver a cuidar de la naturaleza.

—¡No abandonaré a mi hija! —gritó Deméter, ofendida por el comentario de la diosa—. No pararé hasta encontrarla. Vuelve a tus obligaciones si así lo deseas, pero yo soy su madre y continuaré su búsqueda en solitario.

Hécate desapareció, pero Deméter no se rindió y siguió buscando sin rumbo fijo, preguntando a cuantos se cruzaban en su azaroso camino. Era tal la determinación de la diosa que estaba dispuesta a mezclarse con los mortales. Tomada esa decisión, su cabello se volvió gris, el azul de su mirada se oscureció y su rostro se llenó de surcos. Nadie, ni un dios ni un humano, habría podido averiguar que aquella mujer avejentada, velada y vestida de luto, que recorría los caminos de pueblo en pueblo, había sido hasta no hacía mucho la diosa que daba órdenes a la naturaleza para que la vida pudiera continuar. El dolor se había apoderado de su rostro, antes sereno y bello, y, a pesar de que el hambre y la miseria se multiplicaban a su alrededor, sólo

Perséfone ocupaba sus pensamientos. Exhausta, la diosa se paró a descansar junto a una fuente en las puertas de la ciudad de Eleusis, en Ática, y cerró los ojos, humedecidos de nuevo por el recuerdo de su hija.

—¿Te encuentras bien? —Una voz femenina desconocida la despertó de su sueño, pero Deméter estaba tan cansada que ni siquiera pudo contestar—. ¡Está a punto de desmayarse! —dijo Metanira a la sirvienta que la acompañaba—. Avisa a los guardias, la llevaremos a palacio.

Cuando Deméter se despertó en el palacio del rey Céleo, supo que Metanira, su esposa, se había apiadado de aquella mujer devastada en la que se había convertido y había decidido ayudarla. Tras hacer que le llevaran agua, comida, una palangana para poder lavarse y un vestido nuevo, Metanira la llamó a su presencia.

—Siento no poder darte más, pero desde hace semanas los bosques están secos y apenas hay frutos que llevarse a la boca —dijo—. ¿Puedes decirme tu nombre?

—Doso... —contestó la diosa, que quería mantener a salvo su identidad.

—Bien, Doso. No sé quién eres ni de dónde vienes, pero en tu rostro se ve que has sufrido mucho, como sólo pueden sufrir las madres. Lo sé porque yo tengo varios hijos, uno aún lactante al que hemos llamado Demofonte, y al que mis ruegos a los dioses salvaron de una muerte segura durante el parto.

—Yo... acabo de perder a mi hija... —la interrumpió la diosa con la mirada fija en el suelo—. Y debo continuar buscándola...

Metanira pensó que aquella anciana se negaba a admitir la realidad y apretó los labios, sin saber muy bien qué decir. Conmovida por su dolor, se sentó junto a ella, posó su mano sobre las suyas y, con la voz más dulce que supo encontrar, la consoló.

—No puedo imaginarme por todo lo que has pasado..., pero debes quedarte aquí o caerás enferma. —Hizo una pausa antes de continuar—. Yo estoy buscando una niñera para Demofonte. Y no se me ocurre nadie mejor que tú para cuidarlo y darle todo el cariño que necesita.

Acto seguido, Metanira hizo que trajeran a su hijo, y un conato de sonrisa se dibujó en los labios de la diosa cuando la reina se lo puso en los brazos y el pequeño estiró su mano para acariciarle el rostro.

*

Deméter pasó largo tiempo como niñera en casa de los reyes de Eleusis. Alimentaba al pequeño, lo bañaba y lo dormía y, tras cada una de estas acciones diarias, la diosa parecía rejuvenecer

El pequeño Demofonte la obligaba a sonreír, a cantar, a jugar…, y Deméter poco a poco experimentó algo de ilusión cuando sus ojos dejaron de llorar a diario y las lágrimas dieron paso a cierta felicidad. Gracias a aquel niño, la diosa se reconcilió con la vida y en los alrededores del palacio empezaron a brotar los primeros signos de su estado de ánimo: los campos de Eleusis se llenaron de bayas y los frutales se despertaron un día plagados de pequeños capullos que anunciaban que volverían a dar frutos.

Como pronto comprobó Metanira, su hijo parecía responder a los estímulos de la anciana y se estaba desarrollando sano y fuerte, al mismo tiempo que el verdor volvía a la tierra. La reina no tuvo dudas: Doso era un regalo de los dioses.

Por su parte, la diosa, que con su felicidad fertilizaba la tierra, se encontraba tan agradecida a Metanira y a aquel niño que le había devuelto las ganas de vivir que quiso premiar su hospitalidad. Comenzó entonces a alimentar al pequeño a escondidas, dándole ambrosía en lugar de leche y preparándolo para el mejor regalo que podía recibir un mortal: la vida eterna.

Cada noche, mientras los reyes dormían, Deméter sacaba al pequeño de su cuna y lo envolvía en un manto. Se aseguraba de que no hubiera guardias custodiando el pasillo y lo llevaba sin hacer ruido a la cocina. Allí lo desvestía y lo untaba generosamente con ambrosía, tratando de que éste no llorara para no despertar a nadie. A continuación la diosa alzaba su mano sobre un enorme cuenco lleno de carbón y en él aparecía la llama del fuego sagrado. Con sumo cuidado, colocaba al pequeño sobre las brasas y dejaba que el calor comenzara a endurecer la ambrosía.

Durante varios días se repitió el mismo ritual, sin que el pequeño apenas se inmutara. Sin embargo, esa noche iba a ser diferente, pues Metanira se despertó al percibir un resplandor que provenía de la cocina. Y dudando de si levantarse o avisar a un criado, notó entonces que Demofonte, quizá viendo alterado su sueño por el cambio de temperatura, comenzaba a llorar. Deméter se apresuró a hacerle una carantoña para calmarlo sin sacarlo del fuego, pues el ritual que iba a proporcionarle la inmortalidad aún no estaba culminado. Pero ya era tarde: Metanira había entrado en la cocina.

—¿Qué estás haciendo con él, vieja loca? —gritó desesperada la reina cuando vio a su hijo ardiendo sobre el fuego del lar.

Tras empujar a la diosa, Metanira agarró al pequeño, sin importarle quemarse las manos, y lo abrazó contra su pecho llorando, completamente histérica. Quiso entonces llamar a los guardias, pero el grito quedó ahogado en su garganta en cuanto Deméter levantó su mano. Aun así, la reina pudo reprocharle su acción en voz baja.

—¡Ibas a matarlo! ¿Qué tipo de monstruo puede hacer algo así? —dijo sollozando, con los ojos desorbitados.

Deméter esperó a que la reina comprobara que su hijo ni siquiera tenía una diminuta quemadura. Entonces, cuando Metanira se volvió de nuevo para mirarla con incredulidad, el rostro envejecido de Deméter se reveló con todo su esplendor y se iluminó con la juventud que había lucido antaño. La reina reconoció a la diosa y, atreviéndose a mirarla desafiante, apretó de nuevo a su hijo contra su pecho y retrocedió unos pasos.

—¡Serás insensata! —gritó la diosa—. Tan sólo iba a premiar tu hospitalidad concediéndole a nuestro Demofonte el don de la inmortalidad. Rápido, vuelve a ponerlo sobre el fuego y entonces existirá para siempre, sin que dios ni mortal puedan arrebatarle la vida.

«Nuestro Demofonte.» El uso de ese posesivo inquietó a Metanira, que temió que la diosa quisiera robarle a su hijo, por lo que retrocedió conforme Deméter extendía su mano para tomar al pequeño.

—¡No! —dijo llenándose de valor—. No voy a hacer eso...

Deméter no podía entender por qué Metanira se negaba a que su hijo fuera inmortal. Quiso entonces arrebatárselo de inmediato allí mismo para colocarlo de nuevo sobre las brasas, pero la reina se volvió para proteger a su hijo con su propio cuerpo. La diosa la agarró por los hombros y la obligó a volverse hacia ella. Entonces la miró de cerca y se vio reflejada en sus pupilas. En los ojos de aquella mujer no había rastro de miedo, sino un inmenso coraje. Deméter recordó entonces que una madre haría cualquier cosa por su hijo, incluso enfrentarse a los dioses, sin importarle las consecuencias.

—Dime entonces, Metanira..., ¿estás segura de que no quieres que culmine el ritual? —preguntó tras soltarla.

—No... —sollozó, angustiada—. Lo siento, sé que soy una simple mortal, y no querría desairarte, pero no voy a poner a mi hijo otra vez sobre ese fuego... ¡Estaba llorando! Te lo ruego: si me evitas ese sufrimiento, pediré a mi esposo que construyan un templo en tu honor en nuestro reino —suplicó sin entrar en razón.

—Ay, los humanos, siempre ignorantes e incapaces de discernir lo bueno de lo malo... Iba a hacer que tu hijo desconociera por siempre la vejez. Pero sea así lo que pides: ya no escapará a la muerte ni a su irremediable destino —dijo habiendo perdido ya todos los rasgos de la anciana sumisa y débil en que se había transformado—. Los mortales sois impredecibles, irracionales y caprichosos, mas como me habéis tratado con amabilidad aun sin saber quién era y me habéis acogido y compartido conmigo vuestra escasa comida, os premiaré haciéndoos partícipes de un secreto que hará que a tu pueblo nunca le falte el sustento.

*

Mientras secaba el sudor que se derramaba por su frente, Triptólemo echó la vista atrás para contemplar su hazaña con orgullo. Allí, a su espalda, se extendía todo un campo de cultivo, arado en perfectas hileras de tierra. Todavía sonriendo y henchido de satisfacción, el hijo de Metanira y Céleo sintió que la mano de Deméter se posaba sobre su hombro.

—Tu madre me impidió darle la vida eterna a tu hermano Demofonte, pero he compensado su ignorancia otorgándote a ti el arte de la agricultura —dijo la diosa mientras le animaba a caminar junto a él—. Has hecho un buen trabajo. El cereal no tardará en crecer y cuando el sol se ponga tras aquellos montes, será el momento de recoger la cosecha.

El joven, a quien la diosa había enseñado a arar, sembrar, regar, cultivar y trillar el grano, otorgándole para ello las herramientas necesarias, agachó la cabeza en señal de agradecimiento mientras se apoyaba en una enorme azada.

—Jamás pude intuir que trabajando así la tierra, haciendo surcos y echando en ellos las semillas, se lograra reproducir nuestro alimento. ¿Ocurrirá una y otra vez, sin límite?

—Una y otra vez, año tras año —asintió la diosa—. Siempre y cuando mostréis respeto a los dioses para que os demos las condiciones necesarias para que broten los frutos —contestó la diosa—. Pero acércate, pues aún tengo un regalo más...

Entonces, por orden de Deméter, una de las zanjas que Triptólemo había abierto en el suelo se agrietó aún más y de ella surgió un carro de una sola rueda. Pero mientras esto ocurría, el joven príncipe corrió a esconderse, presa del miedo.

Una vez que emergió aquella máquina por completo, limpia y resplandeciente como una bandeja de plata, Triptólemo la observó desde la distancia: ese regalo simbolizaba todas las enseñanzas de Deméter. La rueda era como el círculo al que debía atar los bueyes para arar la tierra y en los laterales del carro sobresalían dos bieldos con los que la diosa le había enseñado a aventar el cereal cortado y separar del grano: se encontraban tan llenos de espigas y paja que de lejos parecían dos alas doradas.

—Atarás dos serpientes a este carro para que tiren de él, coronarás tu frente con espigas de trigo y portarás un cetro dorado y un plato con cereal —le ordenó la diosa—. Volarás por los cielos y recorrerás toda Grecia y sus islas, repartiendo las semillas que te he dado y enseñando a los humanos los secretos de la agricultura que he compartido contigo, para que aprendan a cultivar la tierra sin esquilmar sus recursos, tratándola con paciencia, amor y respeto.

Pero Triptólemo no se atrevía a acercarse al carro y se mantenía a una distancia prudencial. Interrogado por Deméter, que no entendía su miedo, el joven aclaró que hacía tiempo, mientras se encontraba de viaje en Nisa, había visto a unas ninfas jugando en un prado, e inconsciente y arriesgado, pues no era más que un muchacho, las estuvo observando escondido largo rato. Pero entonces, quizá como castigo a su osadía, vio cómo la tierra se abría a unos pasos de donde él se hallaba y de sus entrañas emergía también un carro divino, tirado por cuatro yeguas negras, de pelaje tan brillante como el carbón. Con una vara, su dueño, en cuyo rostro la luz quedaba atrapada como si fuera la oscuridad más absoluta, las azotaba con fuerza para llegar hasta una muchacha que corría en la superficie. Triptólemo se tapó los ojos ante la luz cegadora que emanaba de la escena, pero entre sus dedos vio que aquel ser poderoso agarraba a la joven por el brazo, la cargaba en sus hombros y, volviendo a azotar a sus bestias, retornaba al interior de la tierra. Entonces la grieta de la que había surgido se cerró tras él, dejando una enorme cicatriz en la tierra.

Una expresión de sorpresa y furia cruzó el rostro de la diosa mientras oía aquella historia, y el joven sintió que Deméter se enfadaba por su cobardía y su falta de agradecimiento. Para mostrarle su respeto por la gracia concedida, Triptólemo subió de inmediato al carro, prometió que cumpliría su encargo y que, como tributo, los eleusinos celebrarían grandes ritos en su honor. Pero Deméter ya no podía oír sus palabras, pues se encontraba muy lejos.

*

El resplandor que surgía de todos los rincones de aquel palacio rebotaba en las paredes de mármol, en las columnas que adornaban la entrada y en los suelos, tan pulidos que parecían de espejo. Sin embargo, nada podía parar a Deméter. Cubriéndose los ojos con el antebrazo, cruzó el patio donde se encontraban atados los caballos, recorrió la sala donde estaba la imponente cuadriga y, sin demorarse más, subió la escalinata hasta el salón del trono, donde se hallaba Helios. La luz que emitía su corona resultaba tan cegadora que era imposible percibir su rostro. Cuando Helios reconoció a la diosa, limitó la potencia de su halo dorado, permitiendo que se apreciaran sus facciones, blancas como el despuntar del alba, y su rizado cabello, tan rubio que diríase estar labrado en oro. La diosa pudo al fin abrir los ojos y contemplar directamente al señor de la luz.

—Deméter —la saludó—, ¿qué preocupación nubla tu rostro y te ha traído hasta el palacio del sol?

—Helios, luz que todo lo ve, acudo a ti porque sólo tus ojos, que iluminan hasta los más recónditos lugares de la tierra, pueden haber sido testigos del secuestro de mi hija Kore.

El dios sol chasqueó la lengua y miró a la diosa mientras esbozaba una leve sonrisa, pues había estado esperando su visita durante largo tiempo.

—Ah, ¡la hermosa Perséfone! —exclamó—. Toma asiento y te lo contaré todo. Y no dudes de que, pese a quien pese, mis palabras serán fieles a lo que han visto mis ojos.

Tras oír al dios de la luz, la rabia inundó el rostro de Deméter. Sin pensarlo dos veces, atravesó de nuevo el patio, desató los caballos de Helios y azotó sus grupas con una dura vara de olivo que hizo aparecer en sus manos. Las cuatro bestias, encargadas de tirar a diario del carro del sol, relincharon y corrieron despavoridas, cada una hacia un punto cardinal diferente.

*

Desde su trono en el Olimpo, el dios del rayo percibió que aquel día el amanecer se retrasaba, y supo que algún problema no tardaría en aparecer. En efecto, Deméter irrumpió con un gran estruendo en el palacio olímpico y se dirigió directamente a Zeus con toda la autoridad que le daba ser su hermana.

—¡Tú lo sabías! —le espetó nada más tenerlo delante—. Sabías que Hades secuestró a nuestra hija Perséfone, abriendo la tierra y llevándola con él a su reino en las profundidades del inframundo. ¡Y tú, cómplice de esta vergüenza, no has hecho nada al respecto!

Zeus intentó tomar la palabra, pero Deméter, a quien la angustia le hacía hablar sin pausa, se lo impidió. Los reproches surgían imparables de su boca, como un torrente de agua que corre pendiente abajo tras el deshielo. Helios le había confirmado que el señor del inframundo se había llevado a su hija y que el dios del rayo tenía conocimiento de ello, hecho que había levantado la ira de la diosa.

—Cálmate, pues no es una vida tan mala la que se le plantea junto a Hades. Deberías alegrarte del destino que le aguarda: Perséfone será una perfecta reina del inframundo y tendrá como súbditos a...

Las palabras de Zeus quedaron interrumpidas por las de Deméter, que no podía creer lo que oía. ¿El dios que había sido elegido para ser el árbitro de los dioses no estaba dispuesto a intervenir ante aquella afrenta? Con ojos desorbitados y llenos de ira, la diosa estaba decidida a no ceder.

—Una madre jamás abandona a su hija. Y si estás dispuesto a permitir el secuestro de Kore, has de atenerte a las consecuencias que caerán sobre la humanidad entera. —Deméter clavó su mirada en la de Zeus—. La tierra se tornará estéril hasta que mi hija regrese a mi lado. No bastará que Helios recupere sus caballos y vuelva a sacar el carro del sol; no bastará con que tu rayo haga descargar las nubes sobre los campos, pues haré que la infertilidad se cebe en ellos: el alimento de la tierra se agotará, y después la infecundidad se extenderá por la naturaleza, pues en ella todo está conectado como los eslabones de una cadena. Las plantas dejarán de tener su sostén, los animales que se alimentan de ellas morirán, y tras ellos los depredadores que les dan caza. Los insectos no hallarán flores en las que libar y los pájaros pronto dejarán de cantar en las copas de los árboles, que quedarán vacías y secas. Se extenderá así el silencio por la tierra, y el hambre y la miseria alcanzarán de nuevo a los mortales. ¡Y tú serás el responsable!

Sin embargo, el dios del rayo no dio su brazo a torcer, por lo que la diosa abandonó el monte Olimpo hecha una furia. Zeus pensaba que pronto se le pasaría aquella rabieta y que no tardaría en aceptar el destino de su hija, que no era otro que ser la señora del inframundo, uno de los reinos más poderosos en que estaba dividido todo cuanto existía. Pero Deméter no se calmó. Dispuesta a cumplir su palabra, todo en la naturaleza comenzó a pudrirse y a agotarse en muy poco tiempo. Sobrevinieron así el hambre, la pobreza, la epidemia y la enfermedad, que cayeron sobre los seres humanos, provocando una gran mortandad. De nada sirvieron los regalos que Zeus envió a la madre dolorida. Tampoco las peticiones de los otros dioses olímpicos, que visitaron a Deméter para intentar que depusiera su actitud y devolviera la fertilidad a la tierra. La diosa sólo quería el regreso de su hija a su lado.

Finalmente, Zeus, viendo que la humanidad estaba a punto de desfallecer y presionado por los otros dioses, que le suplicaban que interviniera antes de que la extinción de la vida fuera irreversible, decidió ordenarle a Hades que devolviera a Perséfone junto a su madre. Y así se lo notificó a Deméter.

—Pero has de saber que sólo permitiré la vuelta de nuestra hija si aún no ha probado la comida de los muertos —puso como condición el dios de los dioses.

*

En todo este tiempo en el inframundo, y a pesar de los grandes banquetes que organizaba Hades en su honor, Perséfone se había negado a comer y beber. Sentada en un inmenso trono junto al del señor del inframundo, sólo podía llorar desconsolada, no sólo por su desgracia, sino también por el sufrimiento que debía de estar padeciendo su madre. Echaba de menos la vida exuberante y fecunda, que recordaba en la superficie de la tierra y que tanto contrastaba con aquel reino de oscuridad, inerte y lóbrego, en el que la luz del sol no lograba penetrar. Perséfone miraba a su alrededor, consciente de que ni siquiera su madre podría llegar hasta aquel mundo vetado a los vivos, y no encontraba nada que la consolara. Su raptor la había tratado con respeto, e incluso con devoción y cariño, pero aun así ella no estaba dispuesta a renunciar a la alegría del mundo que conocía para sufrir enclaustrada en aquella morada de tinieblas que Hades le ofrecía como reino.

Cuando el dios del inframundo recibió a Hermes con la noticia de que la tierra desfallecía, estéril, y que la extinción de la humanidad se acercaba, supo que debía dejarla marchar.

—Zeus te pide que acates sus órdenes, pues de otra manera todo morirá, y todos, mortales y dioses, estaremos condenados —le dijo Hermes transmitiéndole el mensaje del dios del rayo.

Hades maldijo a Deméter, pero le comunicó al mensajero de Zeus que obedecería.

—Hazle saber a mi hermano que liberaré a Perséfone si con ello logramos que su madre devuelva la fertilidad a la naturaleza —dijo refunfuñando.

Pero el señor del inframundo no estaba dispuesto a rendirse y, tras conocer la condición que Zeus había impuesto para el retorno de Perséfone, se dirigió al trono del que la joven no se había movido y se sentó a su lado. Hades habló aturdido, con voz calmada y entre suspiros, fingiendo aceptar su derrota.

—No consentiré que te sientas desdichada por más tiempo... —dijo—. Volverás al lado de tu madre, pues así lo ordena Zeus y así lo deseo yo también. No quiero verte sufrir más, así que regresarás y juntas haréis que los árboles den fruto y los campos florezcan de nuevo.

Perséfone no podía creer lo que oía, y su rostro se iluminó en la oscuridad de aquel siniestro palacio. Estaba tan emocionada al saber que su resistencia había surtido efecto que incluso llegó a abrazar a su captor. Éste esbozó una tímida sonrisa y, tras acercarse a la mesa con comida que la joven había rechazado tantas veces, tomó una granada, la abrió en dos y se la ofreció.

—Te pido que al menos, antes de irte, compartas conmigo este fruto que ha escapado de la infertilidad de la tierra, que desde ahora será símbolo de la muerte y la resurrección, pues tú serás el primer ser que escapa de este reino para regresar al mundo de los vivos.

Contenta porque su secuestrador aceptara liberarla al fin, Perséfone no supo negarse, tomó seis granos de aquel fruto maduro que se abría ante ella desbordándose con el color de la sangre y se los llevó a los labios.

En la misma llanura de Nisa donde Perséfone había sido secuestrada, la tierra volvió a abrirse para dejar salir a la cautiva. Justo en el el centro del prado, Deméter la esperaba con inquietud y, nada más cerrarse la grieta, madre e hija corrieron a abrazarse emocionadas, dejando que las lágrimas rodaran por su rostro y cayeran al suelo. En cuanto eso ocurrió, un verdor que la humanidad ya casi había olvidado comenzó a extenderse bajo los pies de las diosas.

Sin soltar a su hija, Deméter se separó ligeramente para observar que estuviera en perfecto estado. Y entonces reparó con horror en unas pequeñas manchas, rojas como las de una herida, que salpicaban el vestido de Perséfone. Tranquilizando a su madre, la joven le aseguró que no era sangre, sino el jugo de una granada que había compartido con Hades en el inframundo.

Los ojos de Deméter se oscurecieron de nuevo con el color de la tragedia.

—Kore, hija mía, ¿has probado la comida de los muertos? —exclamó, horrorizada—. ¡Porque si es así, ya no podrás quedarte entre los vivos y tendrás que volver al inframundo!

—Sí... —asintió la joven soltando a su madre y rehuyendo mirarla a los ojos—. Hades me lo propuso y yo acepté...

Entonces Deméter, consciente de que el señor del inframundo había engañado a su hija para no acatar las órdenes de Zeus, alzó su ojos y sus brazos a los cielos y, sabiendo que el dios del rayo las estaba observando, gritó:

—Si mi hija regresa con Hades, no volveré jamás al Olimpo y mantendré mi maldición sobre la tierra.

Y como Zeus ya se hallaba cansado de lidiar entre sus hermanos y no estaba dispuesto a ceder de nuevo ante ninguno de los dos, caviló largo tiempo hasta encontrar la solución que podía resultar ecuánime para todos: desde aquel mismo instante, Perséfone pasaría seis meses sobre la tierra y otros seis en el inframundo. Se alternaría así un ciclo de alegría y tristeza, de luz y oscuridad, de calor y frío, que daría lugar a las cuatro estaciones: durante el medio año que coincidiría con la estancia de Perséfone en el inframundo, el dolor se apoderaría de Deméter, las hojas de los árboles se oscurecerían hasta caerse y los campos permanecerían inertes bajo las heladas y la nieve, dando lugar al otoño y el invierno. Con el reencuentro de madre e hija durante la primavera y el verano, la alegría de ambas haría que la tierra se llenara de flores y los frutos brotaran de nuevo, extendiéndose hasta el final de la cosecha.

Y desde entonces, ese ciclo de muerte y resurrección, que coincide con los sentimientos de las dos diosas, es el que garantiza la vida en la tierra.

LOS DOCE DIOSES DEL OLIMPO

ZEUS Padre de todos los dioses, rey del Olimpo y supervisor del universo. Hijo de los titanes Cronos y Rea, su atributo principal es el rayo, con el que fulmina a sus enemigos. También se le presenta sentado en el trono de soberano. Aunque su esposa es Hera, se le conocen relaciones con muchas otras diosas y mujeres, y tiene un gran número de hijos divinos y mortales.

HERA Esposa de Zeus y también hermana suya por ser ambos hijos de Cronos y Rea. Es la diosa del matrimonio y se la presenta a menudo como un pavo real. Es celosa y vengativa con las amantes de Zeus y con los hombres que la ofenden.

POSEIDÓN Hermano de Zeus y dios de los mares, es uno de los principales dioses del panteón olímpico. Su enfado provoca tempestades y maremotos. Su atributo principal es el tridente, que clava en el suelo cuando lo provocan.

APOLO Hijo de Zeus y Leto, nació junto a su hermana melliza, Ártemis, de una de las aventuras del padre de los dioses. Es el dios oracular por excelencia, así como del equilibrio y de la moderación, aunque su furia puede desatar plagas y enfermedades. Su culto fue uno de los más extendidos en la Antigüedad.

ATENEA Es la diosa de la guerra, protectora de la ciudad de Atenas, a la que da nombre. Bella, sabia y estratega, detesta todo contacto con varón, contrariamente a Afrodita. Imparte justicia y también es la diosa de las artes y emblema de la civilización. Nació de la cabeza de Zeus.

AFRODITA Bella y sensual, es la diosa del amor físico, del placer erótico. Surgida de la espuma del mar, llegó al mundo dentro de una concha. Aunque casada con Hefesto, tiene también como amantes, entre otros muchos, a su hermano Hermes y a Ares, su preferido.

ARES Como muestran sus atributos, el escudo, el yelmo y las demás armas, Ares es el dios olímpico de la guerra. Hijo de Zeus y Hera, es violento y viril, y tiene un sinfín de amantes e hijos repartidos por el mundo. En la batalla debe enfrentarse a héroes como Heracles y no siempre sale vencedor. Según Homero, en la guerra de Troya pasó de una facción a otra para compensar los bandos en liza.

DIONISO Dios de la fertilidad, el vino y el teatro, representante de la locura y el éxtasis, Dioniso fue adquiriendo protagonismo en el panteón olímpico tras ser la divinidad principal de los ritos mistéricos y órficos. Hay distintas versiones sobre su genealogía; la más común lo hace hijo de Zeus y la mortal Sémele.

HERMES Mensajero por excelencia, Hermes es el dios viajero que conduce las almas al Hades. Es el intérprete del panteón, el dios que posee el don de la locuacidad, pero también adorado por espías y ladrones.

ÁRTEMIS Diosa de la caza y hermana melliza de Apolo, Ártemis es también curandera y fuente de fertilidad. Se la representa con arco y flechas y siempre la acompaña un ciervo. Defiende la virginidad y vive en el bosque, aislada de toda civilización.

HEFESTO Herrero y artesano, Hefesto es el señor del fuego y la forja. Es el único dios con un físico maltrecho. Esposo de Afrodita, tuvo también otras amantes entre las ninfas y las mortales.

DEMÉTER Asociada a la fertilidad de la Tierra, Deméter es la diosa de la agricultura y era invocada por los campesinos para que les procurara buenas cosechas. Junto con su hija Perséfone, cuida de la naturaleza y es responsable del paso de las estaciones. Hermana de Zeus, es una de las diosas más antiguas del panteón olímpico y representa el ciclo de la vida.

© de esta edición:

EDITORIAL ALMA

Anders Producciones S.L., 2023

www.editorialalma.com

f **ⓘ** **♪** @almaeditorial

*

Concepto editorial: Anders Producciones S.L.

*

Selección de contenido y prólogo:

BERNARDO SOUVIRÓN GUIJO

2023

*

© de los textos:

JOAQUÍN ARIAS PEREIRA

2023

*

© de las ilustraciones:

AMANDA MIJANGOS

2023

*

Diseño de colección, ilustraciones
de portada y portadillas:

LOOKATCIA.COM

*

Maquetación,
coordinación y edición:

EDITEC EDICIONES

*

ISBN: 978-84-19599-35-3

Depósito legal: B-13576-2023

Impreso en España / *Printed in Spain*